AF220629

Monika Ommerle & Rico Weinert

Let's talk about ...

Elementare Grundannahmen für Beratung und Coaching

Bibliografische Information der Deutschen Nationalbibliothek:
Die Deutsche Nationalbibliothek verzeichnet
diese Publikation in der Deutschen Nationalbib-
liografie; detaillierte bibliografische Daten sind
im Internet über http://dnb.dnb.de abrufbar.

Illustration: Rico Weinert

Herstellung und Verlag: BoD – Books on De-
mand, Norderstedt

ISBN: 978-3-752-87970-4

Inhaltsverzeichnis

Vorwort von Rico Weinert

Als ich ein kleines Kind war, wünschte ich mir nichts sehnlicher als ein magisches Schwert. Mit diesem wollte ich das Gute in der Welt gegen das Böse verteidigen.

Als Kind fällt es uns leicht, die Welt in Gut oder Böse bzw. Schwarz oder Weiß zu teilen. Im Laufe der Zeit stellen wir fest, dass es das Böse an sich wie auch das Gute an sich so nicht gibt und vieles von unserem Standpunkt und unserer Sichtweise abhängt.

So ähnlich ist es auch mit der Kommunikation. Werden wir uns unserer eigenen Sprache und deren Wirkung bewusst, so können wir diese Aspekte verändern, um eine entsprechende Wirkung oder ein anderes Ergebnis zu erzielen.

Kommunikation ist keine Einbahnstraße, sondern ein lebendiges zwischenmenschliches Geschehen, was in jeglichen Lebenssituationen zum Tragen kommt.

Und in diesem Sinne ist es mir und meiner Freundin und Coachingkollegin ein besonderes Anliegen, dieses wichtige und interessante Thema aus verschiedenen Perspektiven ein wenig zu beleuchten.

Somit wünsche ich dem Leser eine lebendige gedankliche Auseinandersetzung mit dem Thema.

Vorwort von Monika Ommerle

Zum Thema Kommunikation gibt es bereits unzählige Bücher und Ratgeber. Unser Anliegen ist es, dieses Thema auf die wichtigsten Wesensmerkmale zu reduzieren und auch für den Laien anschaulich zu gestalten. Dabei haben wir zu vielen relevanten Themen Beispiele aus dem Alltag integriert.

In der Geburtsstunde dieses Buches standen für uns zunächst die geläufigsten Grundannahmen des neurolinguistischen Programmierens (NLP) zur Diskussion.

Im Laufe der Zeit erweiterten wir diese Grundannahmen um allgemeine Präsuppositionen aus unserem Coachingverständnis heraus.

Dies führte uns hin zu allgemeinen Kommunikationsmustern und deren Wirkmechanismen. Dabei war uns ein lebendiger Diskurs wichtig, auf dessen Reise uns der Leser begleiten sollte.

Wer ist der Leser? Unser Buch richtet sich an jeden, dem eine gelungene Kommunikation im Alltag wie auch im edukativen und sozialen Bereich ein Anliegen ist.

So haben wir versucht, Fallstricke und sprachliche Einbahnstraßen zu identifizieren und dies dem Leser in verständlicher Form nahe zu bringen.

Auf diese spannende Reise möchten wir Sie gern einladen.

Einleitung

Rico: Hallo Monika, kannst du dich noch an unsere Unterhaltung erinnern, als wir die Idee hatten, unsere vielen Diskussionen zu diesem Thema in ein Buch umzusetzen?

Monika: Ja, als wir uns über Vorannahmen in Beratung und Coaching und deren praktischen Sinn und Wirkung unterhalten haben.

Rico: Genau, und die Art und Weise, wie wir das Buch gestalten könnten. Meinst du, wir sollten es einfach versuchen?

Monika: Ja, lass uns einfach anfangen und unsere Gedanken zu dem Thema in interessanter Weise hier diskutieren.

Rico: Ich finde die Idee gar nicht so schlecht. Am besten wir starten gleich und schauen uns die

34 Grundannahmen die wir ausgesucht haben näher an.

Monika: Einige der Grundannahmen kann ich jetzt schon nachvollziehen, doch andere sollten wir noch genauer unter die Lupe nehmen, die auf den ersten Blick etwas widersprüchlich oder nicht umsetzbar erscheinen.

Rico: Die meisten dieser Grundannahmen kommen aus dem NLP (Neurolinguistisches Programmieren), anderen begegneten wir bei unserer Arbeit mit dem Thema.

Monika: Es gibt sicher viel mehr als nur diese 34 ausgewählten Grundannahmen. Wir haben uns auf die für uns in der Arbeit mit Klienten wichtigsten und bedeutsamsten beschränkt. Ebenso wichtig wie die Grundannahmen sind selbstverständlich wertschätzende Gesprächsführung, Rapportaufbau, Pacing usw. worauf die wir hier nicht näher eingehen.

1 Jeder Mensch hat bereits die Ressourcen die er braucht, um die Veränderungen zu realisieren, die für seine Entwicklung stimmig sind

Monika: Dem kann ich nicht so ganz widerspruchslos zustimmen. Man kann z.B. nicht ohne weiteres Bundespräsident werden, weil dazu bestimmte Kriterien erfüllt sein müssen (Art. 54 Grundgesetz: *Wählbar ist jeder Deutsche, der das Wahlrecht zum Bundestage besitzt und das vierzigste Lebensjahr vollendet hat.*).

Und für andere Ziele brauche ich vielleicht erst einmal externe Ressourcen wie Geld oder interne wie Gesundheit.

Rico: Ich denke, das Phänomen von Oberflächen- und Tiefenstruktur tritt hier besonders zutage. Wenn ein bestimmtes Ziel oder ein bestimmter Wunsch besteht, dies jedoch widersprüchlich zur Realität steht gilt es zu schauen, was dahinter steckt.

Monika: Kannst du das mal konkretisieren?

Rico: Zunächst gilt es zu hinterfragen, was das Ziel hinter dem Ziel ist. Hat er z.B. den Wunsch Bundespräsident zu werden, steht möglichweise ein Wert dahinter, der vielleicht bisher nicht ausreichend gelebt werden konnte.

Monika: Zum Beispiel Ansehen, Anerkennung oder Respekt.

Rico: Kennst du die Aussage von Walt Disney (1901- 66) *If you can dream it, you can do it* (Wenn du es dir vorstellen kannst, kannst du es auch machen)? Das was ich mir wünsche, trage ich in mir. Werte die mir wichtig sind, kann ich auch zu Ressourcen weiterentwickeln.

Monika: Stimmt, denn sonst hört sich das so an, als könnte alles erreicht werden und wenn es nicht funktioniert, dann liegt es an mangelndem Willen oder Leistungsbereitschaft.

Manchmal wird ein Veränderungswunsch erst durch bestimmte Lebensereignisse geweckt oder erlischt gänzlich, wird ermöglicht oder verhindert, wird erleichtert oder erschwert.

Zusammenfassung: Jeder Mensch hat bereits die Ressourcen, die er braucht, um die Veränderungen zu realisieren, die für seine Entwicklung stimmig sind

Beim Realitätsabgleich wird überprüft, was im Rahmen des Klientenziels sinnvoll und realistisch ist und sich mit dessen Wertesystem vereinbaren lässt. Entsprechend diesen Aspekten ist die jeweilige Strategie (z.B. Arbeit mit Zielen und Werten) zu planen.

2 Wenn etwas nicht funktioniert, dann probiere etwas anderes

Rico: Mir wurde früher immer beigebracht, wenn was nicht funktioniert, dann versuche es immer wieder, solange bis es klappt.

Monika: Dazu fällt mir spontan der Text der amerikanischen Sängerin, Songwriterin, Schauspielerin und Autorin Portia Nelson (1920-2001) ein.

Autobiografie in 5 Kapiteln

1. Kapitel
Ich gehe die Straße entlang.
Da ist ein tiefes Loch im Gehsteig.
Ich falle hinein.
Ich bin verloren...Ich bin ohne Hoffnung.
Es ist nicht meine Schuld.
Es dauert endlos, wieder herauszukommen.

2. Kapital
Ich gehe dieselbe Straße entlang. Da ist ein tiefes Loch im Gehsteig.
Ich tue so, als sähe ich es nicht. Ich falle wieder hinein.
Ich kann nicht glauben, schon wieder am gleichen Ort zu sein.
Aber es ist nicht meine Schuld.
Immer noch dauert es sehr lange, herauszukommen.

3. Kapitel
Ich gehe dieselbe Straße entlang.
Da ist ein tiefes Loch im Gehsteig.
Ich sehe es.
Ich falle immer noch hinein...aus Gewohnheit.
Meine Augen sind offen.
Ich weiß, wo ich bin
Es ist meine eigene Schuld.
Ich komme sofort heraus.

4. Kapitel
Ich gehe dieselbe Straße entlang.
Da ist ein tiefes Loch im Gehsteig.
Ich gehe darum herum.

5. Kapitel
Ich gehe eine andere Straße.

Rico: So nach dem Motto: 3-mal abgeschnitten und immer noch zu kurz. Aber stimmt schon. War es nicht Einstein, der einmal feststellte: ‚Probleme kann man niemals mit derselben Denkweise lösen, durch die sie entstanden sind'?

Monika: Viele haben wohl schon einmal die Erfahrung gemacht, wie schwierig es sein kann, einen für uns völlig logischen Sachverhalt zu erklären und unser Gegenüber kann dies nicht verstehen.

Wenn wir nun immer wieder die gleiche Erklärmethode anwenden, kommen wir vermutlich nur schwer ans Ziel. Auch hier sollte und darf man kreativ sein. Gerade Kindern hilft es oft, wenn sie etwas sprichwörtlich *be-greifen*, sich an die Lösung *heran-tasten* können.

Zusammenfassung: Wenn etwas nicht funktioniert, dann versuche etwas anderes

Solange man nur auf das Problem oder auf eine bestimmte Lösung fixiert ist und verbissen immer wieder dasselbe probiert, verstellt man sich den Blick auf alternative Lösungswege.

3 Es gibt keine Fehler/Versagen – alles ist Feedback

Monika: Das heißt, der Fehlerbegriff und der Begriff des Versagens verlieren damit ihren negativen und zuweilen verletzenden Beigeschmack.

Rico: Kategorien wie richtig und falsch benötigen immer einen Kontext, auf den sie bezogen werden. Davon hängt ab, ob ein Verhalten hilfreich oder hinderlich ist.

Monika: In der Mathematik gibt es eindeutige Regeln, was richtig oder falsch ist. Also 1 plus 1 ist immer 2.

Im Prozess der Kommunikation dagegen sieht es anders aus, denn da habe ich ein Gegenüber, einen Empfänger, der unterschiedlich auf mein Verhalten reagieren kann.

Rico: Jegliche Kommunikation/Verhalten erzeugt eine Reaktion, wobei keine Reaktion auch eine Reaktion ist. Paul Watzlawick meinte dazu, man ‚*kann nicht nicht kommunizieren*'.

Monika: In der U-Bahn kann ich morgens oft gut beobachten, was Menschen allein durch Mimik und Gestik transportieren können, ohne auch nur ein Wort zu sprechen. Feedback ist auch nonverbal möglich. Dazu an späterer Stelle noch mehr.

Rico: Feedback ist die Rückmeldung auf unsere Kommunikation, aus der wir wiederum einen Informationsgewinn für uns herleiten können. Das bezieht sich sowohl auf unsere Kommunikation wie auch auf die des Gegenübers.

Sinn und Zweck dieser Vorannahme ist es, den Fokus weg von dem negativ behafteten Aspekt des Versagens zu lenken.

Stattdessen richten wir die Aufmerksamkeit auf eine sinnvolle, konstruktive Feedbackkultur.

Monika: Es ist ein sehr beruhigender Aspekt, wenn ich nicht jegliche Aussage und Kritik auf mich persönlich beziehen muss, wenn es also nicht mein Versagen/Verschulden ist.

Und wie schon Wilhelm Busch sagte: ‚*Aus Fehlern wird man klug, drum ist einer nicht genug*'.

Zusammenfassung: Es gibt keine Fehler/Versagen – alles ist Feedback

Wir nutzen die Chance, Rückmeldungen in konstruktive Bahnen zu lenken, um diese für unser Wachstum und unsere persönliche Weiterentwicklung zu verwenden.

Es ist beruhigend zu wissen, dass wir Fehler machen dürfen und diese sogar notwendig sind, um zu lernen.

4 Mehrere Wahlmöglichkeiten zu haben ist besser, als keine

Monika: Klingt logisch und ich behaupte mal, dass Menschen viel zu häufig und vorschnell davon ausgehen, keine Wahlmöglichkeit zu haben.

Rico: (K)eine Wahlmöglichkeit bedeutet Zwang, zwei Wahlmöglichkeiten stellen ein Dilemma dar und erst bei dreien hast du eine bessere Wahlmöglichkeit.

Monika: So mancher mag nun einwenden, dass nicht immer dieses Optimum an Wahlmöglichkeiten zur Verfügung steht und/oder die Wahlmöglichkeiten auf den ersten Blick nicht akzeptabel scheinen.

Rico: Beispiel: Zwang mangels Wahlmöglichkeit wäre, ich gehe weiterhin in eine Arbeitsstelle, wo ich mich unwohl fühle und keine Alternative sehe.

Die Wahlmöglichkeit ,Dilemma' würde bedeuten, ich kann mich entscheiden, zu dieser Arbeitsstelle zu gehen oder ich bleibe daheim.

Drei Wahlmöglichkeiten könnte heißen, ich gehe zu der Arbeitsstelle hin, bleibe zu Hause oder suche mir eine andere Arbeitsstelle.

Monika: Mindestens drei Möglichkeiten zu finden wäre optimal – ich kann mir vorstellen, dass man bei einer sehr großen Anzahl von Möglichkeiten auch überfordert und blockiert sein kann.

Allein der Aufwand alles Für und Wider abzuwägen, kostet immens viel Zeit, die konstruktiver eingesetzt werden könnte. Also ist auch hier das gesunde Mittelmaß ideal.

Rico: Existieren zu viele Wahlmöglichkeiten, führt das dazu, dass wir möglicherweise gar keine Auswahl treffen.

Monika: Schließlich existieren noch weitere Auswahlkriterien wie z.B. zur Verfügung stehende zeitliche und finanzielle Ressourcen.

Zusammenfassung: Mehrere Wahlmöglichkeiten zu haben ist besser als keine

Wenn Wahlmöglichkeiten gefunden und gesehen werden, gibt das ein Gefühl der Freiheit. Ich bin nicht hilflos ausgeliefert oder wehrlos. Ich muss mich nicht dem Schicksal zwangsläufig ergeben. Ich kann mich aktiv entscheiden, bin dadurch handlungsfähig und autonom.

Selbst wenn die anderen Optionen nicht optimal sein sollten – ich habe immerhin eine Auswahlmöglichkeit, was zu einer gewissen Selbstwirksamkeit führt.

Es gibt Situationen, in denen wir es bevorzugen, keine Wahlmöglichkeiten zu sehen bzw. zu haben. Damit vermeiden wir es, für das Ergebnis einer Entscheidung die Verantwortung übernehmen zu müssen. Dadurch können wir in der Opferrolle verweilen – der Preis hierfür sollte uns jedoch bewusst sein.

5 Jedes Verhalten ist in irgendeinem Kontext nützlich

Rico: Ich erinnere mich noch an die Zeit, in der ich im Auto meines Fahrschullehrers saß und fahren durfte. Ich war so aufgeregt, dass ich übervorsichtig fuhr, um ja keine Fehler zu machen. In welchem Kontext wäre dieses Verhalten nützlich?

Monika: Jetzt überleg mal, was hat dir dieses Gefühl, diese Aufregung ermöglicht bzw. was hat es verhindert?

Rico: Also wenn du mich so fragst, waren meine Sinne geschärft und meine Aufmerksamkeit war extrem erhöht.

Monika: Und diese erhöhte Aufmerksamkeit – ist die beim Erlernen neuer Dinge eher hilfreich oder eher hinderlich?

Rico: Wenn diese neuen Aufgabenfelder ein mögliches Gefahrenpotential in sich bergen, ist eine stark erhöhte Vorsicht durchaus hilfreich. Soweit so gut. Wie ist das aber z.B. mit einem laut an der Supermarktkasse schreienden Kleinkind? In welchem Kontext ist dieses Gezeter nützlich?

Monika: Manches Verhalten war ursprünglich einmal sehr nützlich und sinnvoll, aber ist nun nicht mehr angemessen. Babys z.B. haben zunächst keine andere Möglichkeit auf ihre Bedürfnisse aufmerksam zu machen, als zu weinen - sei es aus Hunger, wegen Bauchschmerzen oder einer vollen Windel.

Je älter das Kind wird, umso eher hat es die Möglichkeit, seine Bedürfnisse auf adäquatere Art auszudrücken.

Rico: Erstaunlich, wie viele Erwachsene vielleicht unbewusst versuchen, durch den ‚Quengelmodus' ihre Bedürfnisse zu befriedigen.

Monika: Einige Verhaltensweisen sind noch aus einer früheren Zeit der menschlichen Entwicklung erhalten geblieben.

So reagieren wir heute in manchen Situationen immer noch mit Flucht- oder Kampfverhalten, obwohl der Säbelzahntiger schon einige Jahre ausgestorben ist und andere Verhaltensweisen zielführender wären.

Rico: Diese Grundannahme scheint mir sehr provokant zu sein, wenn ich an die dunklen Kapitel der Menschheit denke. Aber selbst bei unseren abgrundtiefsten und verachtenswertesten Verhaltensweisen könnte man einen Kontext finden, in dem man diese zumindest ansatzweise nachvollziehbar erklären könnte.

Daher wäre für mich der Sinn dieser Grundannahme eher die Motivation, die eigene Sichtweise auf etwas zu hinterfragen.

Zusammenfassung: Jedes Verhalten ist in irgendeinem Kontext nützlich

Wenn wir im Verhalten eines Menschen die Lebensumstände wie etwa Kulturkreis, Sozialisation, individuelle Vita herausarbeiten, nicht verurteilend oder wertend vorgehen, können Veränderungsprozesse leichter ermöglicht werden.

Das gleiche gilt für das geschichtliche Verständnis, wenn wir die jeweiligen Faktoren z.B. Epoche, technologische Entwicklung, demografische und zivilisatorische Situation betrachten.

6 Hinter jedem Verhalten steht eine positive Absicht

Rico: Wenn ich mir vorstelle, dass hinter jedem noch so unfreundlichen Verhalten eine positive Absicht steht, wirkt diese Grundannahme für mich nicht ganz unumstritten.

Monika: Ja, das hört sich in der Tat zunächst schwierig an. Stell dir z.B. mal vor, du hattest einen stressigen Arbeitstag, Mittagspause entfällt, dafür eine Stunde länger arbeiten. Dann kommt der Kollege und hat noch einen Auftrag!!! Da antwortest du vermutlich unfreundlicher, als du es eigentlich beabsichtigt hast.

Was könnte deine positive Absicht sein oder dahinter stehen?

Rico: Gute Frage. Ich könnte mir vorstellen, dass ich von der Arbeit her ausgelastet bin und unbewusst signalisieren will: Stopp, meine Belastungsgrenze ist für heute erreicht.

Monika: Genau. Sehr schön und anschaulich er-klärt das auch Schultz v. Thun in seinem Buch ‚Miteinander reden', Band 1.

Rico: Ich hab mir sein 4-Seiten-Modell als ‚ISAB' gemerkt. Dieses Modell bezieht sich auf die 4 Seiten der Kommunikation, nämlich In-haltsebene, Selbstoffenbarung, Appell und Bezie-hungsebene.

Monika: Dann lass uns doch das an einem Bei-spiel aus dem Coaching näher betrachten.

Rico: Der Vorgesetzte eines Klienten bat diesen, noch 4 Paletten Baustoffe herzurichten, da der Kunde bereits auf dem Weg sei, obwohl bereits offiziell Feierabend war.

Inhaltsebene: Der Kunde XY kommt gleich vor-bei. Dieser möchte seine Baustoffe bekommen und die Paletten müssen so schnell wie möglich bereitgestellt werden.

Selbstoffenbarung: Ich bin in Sorge, dass der Kunde verloren geht, falls die Ware nicht recht-zeitig zur Verfügung steht.

Appell: Bitte setze deine ganze Energie ein, um das heute noch fertig zu machen.

<u>Beziehungsebene:</u> Ich bin der Abteilungsleiter, dein Vorgesetzter und stehe in der Hierarchie über dir.

Monika: Das war sehr anschaulich. Mit Hilfe dieser Formel von Schultz von Thun hat man z.B. ein wirksames Werkzeug zum Entschlüsseln der positiven Absicht einer Botschaft bzw. Aussage. Nicht nur Aussagen, sondern auch Verhalten zählt zu Kommunikation.

Zusammenfassung: Hinter jedem Verhalten steht eine positive Absicht

Durch diese Vorannahme wird mehr Verständnis für menschliches Verhalten und Handeln gefördert und ermöglicht. Schwer nachvollziehbare Verhaltensweisen und insbesondere Aussagen können so aus verschiedenen Blickwinkeln betrachtet werden.

7 **Menschen sind nicht neurotisch, ver-
rückt oder gebrochen. Sie treffen stets die
beste Wahl aus dem, was ihnen an Optionen zur Verfügung steht. Sie agieren und
reagieren in ihrem ‚Modell der Welt‘**

Monika: Kaum zu glauben, dass es keine Ver-
rückten geben soll, wenn mir morgens auf dem
Weg zur Arbeit die Schlagzeilen der Boulevard-
zeitungen ins Auge fallen.

Rico: Der Begriff des Verrücktseins geht in seiner Geschichte zurück in das 19. Jahrhundert.
Damals bezeichnete man damit ‚nicht normge-
rechtes soziales Verhalten‘ bzw. abweichende
Denkweisen. So kannte man z.B. Beispiel Epilep-
sie als Krankheitsbild noch nicht und demzufolge
sprach man von Wahnsinn oder Verrücktsein.

Monika: Wenn man sich den Begriff ‚ver-rückt‘
ansieht, so kann man daraus auch ein ‚von der
Mitte‘, dem Durchschnitt abweichendes Verhalten interpretieren. Je nach Kulturraum wird ‚ver-

rückt-sein' anders gewertet und vielleicht auch höher gestellt - dort gelten solche Menschen beispielsweise als ,Erleuchtete'.

Als anderes Beispiel aus früherer Zeit kennen wir auch die Gründe mancher Halluzinationen der damals lebenden Menschen, die u.a. durch den Mutterkornpilz im Getreide hervorgerufen wurden.

Rico: Genau, hätten die Menschen das damals gewusst, wäre ihr Urteil bezüglich Verrücktsein oder Wahnsinn gewiss anders ausgefallen.

Ich denke, hinter den meisten verallgemeinernden Zuschreibungen steckt bei genauerer Betrachtung ein Verhalten, welches nach bestimmten erklärbaren Mechanismen funktioniert.

Menschen tendieren dazu, eine Person auf der Identitätsebene zu beschreiben und weniger auf das Verhalten in bestimmten Situationen bezogen einzugehen. Aus einem verrücktem Verhalten wird ein ,verrückt-*sein*'.

Monika: Und was ist mit der Aussage gemeint, dass Menschen ,stets die beste Wahl' treffen? Was ist mit Verhalten, wo wir uns oder andere gefährden?

Rico: Auch da treffen Menschen immer die beste Wahl im Sinne von verinnerlichten Verhaltensmustern. Menschen handeln stets nach ihrem Modell der Welt, so kann man auch hinter stark ausgeprägten Abwehrmechanismen eine sinnhafte Ursache erkennen.

Somit ist auch stark von der Norm abweichendes Verhalten mit dem Weltmodell des jeweiligen Menschen erklärbar. Viele Verhaltensweisen haben auch unbewusste Muster.

Monika: Mit ‚bester Wahl‘ ist gemeint, dass per se keine böse Absicht hinter dem Verhalten steht, sondern eine Intension, welches das eigene System schützt, stärkt, dessen Bedürfnisse befriedigt oder erweitert.

Damit möchte ich nicht sagen, dass wir jedes Verhalten gutheißen oder akzeptieren müssen wie z.B. gewalttätiges Verhalten (Krieg, Folter, Mord, Vergewaltigung, Misshandlung).

Zusammenfassung: Menschen sind nicht neurotisch, verrückt oder gebrochen. Sie treffen stets die beste Wahl aus dem, was ihnen an Optionen zur Verfügung steht. Sie funktionieren in ihrem ‚Modell der Welt‘.

Wir können uns ein besseres Verständnis für menschliches Verhalten schaffen, wenn wir voraussetzen, dass das jeweilige spezielle Weltmodell Grundlage für Handeln, Denken und Fühlen ist.

Das, womit wir uns beschäftigen und nicht von Anfang an negativ ablehnen, kann eine gewisse Akzeptanz, Neugier auf das ‚anders sein' und Offenheit wecken. Dies könnte die Grundlage für mehr Verständnis für andere oder für uns fremde Verhaltensweisen bilden.

8 Jedes Verhalten ist Kommunikation, auch Schweigen. Nonverbales Verhalten beeinflusst die Wirkung einer Botschaft

Rico: Paul Watzlawick meinte, ‚*man kann nicht nicht kommunizieren*‘.

Monika: Wenn ich in der Bahn sitze finde ich es oft sehr spannend zu beobachten, wie Leute kommunizieren. Auch ohne eine Unterhaltung mitanhören zu müssen, kann man aus Mimik und Gestik sehr viel entnehmen, sei es eine ablehnende Körperhaltung, ein demonstratives Vermeiden von Blickkontakt, ein liebevolles Lächeln.

Rico: Dieser Effekt kommt auch im pferdegestützten Coaching zum Tragen, da die Tiere auf die nonverbale Ebene der Kommunikation sehr stark reagieren. Dabei ist der Anteil an unbewusster Kommunikation sehr hoch.

Monika: Wie sehr nonverbales Verhalten die Kommunikation beeinflusst merkt man erst dann, wenn dieses fehlt. Sehr bemerkenswert wird dies bei kurzen Textnachrichten auf dem Smartphone, wo Gestik, Mimik und Tonfall fehlen. Zudem kommt noch eine begrenzte Anzahl von Wörtern, bedingt durch dieses Medium, hinzu.

Die Wahrscheinlichkeit von Missverständnissen steigt aufgrund der Tilgungen deutlich. Dies sollte man sich bei der Benutzung dieses Mediums bewusst sein.

Zuweilen können sehr skurrile Kommunikationsergebnisse entstehen, besonders wenn die Autokorrektur wieder ein Eigenleben entwickelt hat. Dann sind Sätze wie: „Schatz, du hast übrigens deine Macke bei mir vergessen" noch eines der offensichtlicheren Missverständnisse.

Zusammenfassung: Jedes Verhalten ist Kommunikation, auch Schweigen. Nonverbales Verhalten beeinflusst die Wirkung einer Botschaft

Die Kommunikation stellt einen zwischenmenschlichen Gesamtprozess dar, der allumfassend stattfindet und nicht nur auf einzelne Ebenen beschränkt ist, wie z.B. die Sprache.

Aus diesem Verständnis heraus entwickeln wir ein Bewusstsein dafür, unser Gegenüber nicht nur verbal wahrzunehmen, sondern auf jene

Aspekte zu erweitern, die gleichzeitig auf einer anderen Ebene für diesen Prozess von Bedeutung sind.

Die nonverbale Komponente ist eine nicht zu unterschätzende Ebene des Kommunikationsprozesses und übermittelt maßgeblich den weitaus größeren Teil der Informationen.

Mit anderen Worten: Beim Sprechen achten wir auch bei unserem Gegenüber auf Körperhaltung, Mimik und Gestik.

9 Der positive Wert des Individuums bleibt konstant, während die Angemessenheit des Verhaltens bezweifelt werden kann

Rico: Was könnte denn mit ‚*positivem Wert*‘ gemeint sein?

Monika: Dazu fällt mir spontan das Grundgesetz ein, wo im Artikel 1 geschrieben steht: *Die Würde des Menschen ist unantastbar.*

Rico: Also wenn ich das richtig verstehe, dann nimmt man den Menschen als solchen von einer Bewertung aus und bewertet lediglich, inwieweit das Verhalten in einem bestimmten Kontext hinderlich oder hilfreich ist.

Monika: Richtig. Wenn man nun z.B. an extremes Verhalten denkt, besteht die Gefahr, dass man nicht nur das Delikt verurteilt, sondern den ganzen Menschen in seinem Wesen. Egal wie schwer das Vergehen ist sollte nie vergessen werden, dass wir es mit Menschen zu tun haben.

Rico: Das scheint mir ein nicht ganz unumstrittener Punkt zu sein. Manche könnten bestimmtes Verhalten möglicherweise bagatellisieren, nach dem Motto ‚der oder die hatte eben eine schwere Kindheit', z.B. bei einem Gewalttäter? Wie siehst du das?

Monika: Genau das ist der Punkt. Das Verhalten darf und soll sehr wohl angezweifelt werden. Die Schwere der Tat wird dadurch nicht gemindert, denn die Betroffenen haben mit den Folgen zu leben, unabhängig der persönlichen Lebensumstände des Täters. Jedoch bezieht man im Allgemeinen die Begleitumstände hinzu.

Rico: Wie es scheint, gibt es hier keine Pauschalantwort. Wenn jemand z.B. eines meiner Kinder angreift, würde ich mein Kind natürlich um jeden Preis beschützen und verteidigen.

Zusammenfassung: Der positive Wert des Individuums bleibt konstant, während die Angemessenheit des Verhaltens bezweifelt werden kann

Es findet eine Trennung zwischen dem Verhalten und der Person an sich statt.

Während man unter Berücksichtigung der Begleitumstände das Verhalten zu erklären versucht, findet auf der Ebene der Wertigkeit der

Person - im Sinne der Würde des Menschen - keine Verurteilung statt.

Bewertet und verurteilt wird lediglich das Verhalten, wobei auch dieses wiederum unter Berücksichtigung eines anderen Kontextes als nützlich oder sinnvoll betrachtet werden könnte.

10 Die Bedeutung von Kommunikation ergibt sich aus der Reaktion, die sie hervorruft – weniger aus der Absicht des Senders

Rico: Ist Kommunikation nicht auf gegenseitiger Wechselwirkung zwischen den Kommunikationspartnern begründet? Oder wie ist das gemeint?

Monika: Die Wechselwirkung ist ja auch dann gegeben, wenn der Gesprächspartner nicht oder nicht so reagiert, wie du es dir vorstellst.

Rico: Das heißt also, ich als bewusster Kommunikator bin für die Reaktion verantwortlich?

Monika: Ja genau, aber dazu später mehr. Die Aussage bezieht sich jedoch nicht nur auf mich in meiner Rolle als Coach, sondern betrifft jedermann, der mit einem Gesprächspartner in Kontakt ist, sowohl verbal als auch nonverbal.

Rico: Als ich meinen damals kleinen Kindern mit Worten Ebbe und Flut erklären wollte, haben sie mich nicht verstanden. Die Grenzen meiner verbalen Erklärungsmöglichkeiten waren die Grenzen ihres Verständnisses.

Folgerichtig musste ich meine Grenzen erweitern. Letztendlich konnte ich mit einem Teller und etwas Suppe den Effekt für sie begreifbar darstellen.

Monika: Das ist ein sehr gutes Beispiel. Jedoch gibt es auch den Fall, wo ich als Coach an meine Grenzen komme, obwohl ich sämtliche mir zur Verfügung stehenden Möglichkeiten ausgeschöpft habe.

Das kann z.B. dann der Fall sein, wenn Klienten nicht freiwillig in die Beratung kommen, sondern im Auftrag des Vorgesetzen oder auf Wunsch des Partners etc.

Zusammenfassung: Die Bedeutung von Kommunikation ergibt sich aus der Reaktion, die sie hervorruft – weniger aus der Absicht des Senders

Der Zweck dieser Vorannahme könnte sein, sich nicht nur auf eine Methode zu beschränken, um eine gewünschte Reaktion beim Gegenüber hervorzurufen.

Die Kunst dabei ist, sein Kommunikationsreper-toire zu erweitern und anzuwenden, um den Ge-sprächspartner entsprechend zu erreichen. Wichtig hierbei ist das Bewusstsein zu schärfen, dass es in der Kommunikation kein Versagen gibt.

Es kann jederzeit trotz verschiedenster Ge-sprächsführungstechniken vorkommen, dass eine entsprechende Reaktion nicht erfolgt. Es gibt hierbei weitere Faktoren, auf die der Kommuni-kator keinen Einfluss hat (z.B. Chemie passt nicht, Mann-Frau-Konflikt, Trigger, Projektion, Abwehrmechanismen usw.). Dennoch sollte es Ziel des Coaches sein, den Klienten so gut es geht in seiner Welt abzuholen.

11 Die Landkarte ist nicht das Gebiet

Monika: Zunächst einmal wäre zu klären, was mit Landkarte und Gebiet gemeint ist.

Rico: Jegliche gemachte Erfahrung und alle damit verbundenen geistigen Prozesse, wie z.B. wahrnehmen, empfinden, denken und fühlen, sind das Resultat einer subjektiven Betrachtungsweise der Welt. Dieses Abbild der Realität, auch innere Landkarte genannt, entspricht lediglich meiner subjektiven Realität. Bedingt durch unsere eigene Begrenztheit ist auch stets dieses Abbild unvollständig.

Stell dir vor, du hältst eine Landkarte in deinen Händen. Was genau siehst du? Du siehst Symbole, Zahlen, Striche, Flächen, geometrische Formen, die in verschiedenen Farben dargestellt werden. Das alles sind vereinfachte Abbildungen der Wirklichkeit, denen wir eine bestimmte Bedeutung gegeben haben.

Auf einer Landkarte wird vieles weggelassen und vereinfacht dargestellt. So können z.B. drei Bäume einen ganzen Wald symbolisieren.

Monika: Das heißt also, auf der Landkarte kann aufgrund der begrenzten Größe immer nur ein winziger Teil abgebildet werden und die restlichen Informationen werden getilgt.

Rico: Genau. Außerdem geht es ja hier um Wahrnehmung, d.h. eine rein objektive Betrachtungsweise an sich ist schon gar nicht möglich, da wir Menschen Subjekte sind und somit jeder seine eigene Sichtweise hat.

Das wusste schon der Philosoph Platon, der mit seinem Höhlengleichnis eine wunderbare Metapher hierließ, wie unmöglich es ist, die Realität als solche zu erfassen.

Modern ausgedrückt würden wir heute sagen, diese Repräsentation von dem was wir als Realität bezeichnen, ist in unseren neuronalen synaptischen Verknüpfungen codiert und unterliegt diversen kognitiven Prozessen.

Das Interessante jedoch ist, dass diese Verknüpfungen eine verblüffende Plastizität aufweisen und dadurch die Fähigkeit haben sich neu zu formieren, zu gestalten und zu verändern.

Die objektive Realität ist nicht erfassbar, jedoch ist das Abbild veränderbar.

Monika: Im zwischenmenschlichen Bereich haben wir eine Landkarte mit Bewertungen und Einschätzungen unserer Mitmenschen.

Dabei allerdings tendieren wir dazu, diese erste Einschätzung nicht mehr zu hinterfragen. Wir begegnen dann diesem Menschen nicht mehr unvoreingenommen, sondern mit der ursprünglichen Bewertung, stecken ihn in eine Schublade. Das können negative wie auch positive Bewertungen und Einschätzungen sein, wie z.B. die ‚rosarote Brille'.

Rico: Auch wenn die ersten Sekunden der Begegnung über das Bild unseres Gegenübers entscheidend sind, ist es durchaus sinnvoll, dieses hin und wieder in Frage zu stellen.

Monika: Ich denke dabei an ein Zitat von George Bernard Shaw, der einmal sagte: *‚Der einzige Mensch, der sich vernünftig benimmt, ist mein Schneider. Er nimmt jedes Mal neu Maß, wenn er mich trifft, während alle anderen immer die alten Maßstäbe anlegen in der Meinung, sie passten auch heute noch'.*

Zusammenfassung: Die Landkarte ist nicht das Gebiet

Jeder Mensch hat seine eigene Wahrnehmung und Sichtweise, Glaubensweise und Interpretationsmuster. Da jegliche Sichtweise einer Verzerrung unterliegt, gibt es nicht 'die richtige" Weltsicht.

Unsere Weltsicht ist geprägt durch unsere Sozialisation, unsere Erfahrungen und anderen Faktoren.
Dieses Wissen ermöglicht uns, über unsren Tellerrand hinauszublicken und unsere Meinungen kritisch zu hinterfragen. Weiterhin wird dadurch ein besseres Verständnis für unsere Mitmenschen und letztlich auch für unser eigenes Selbstbild ermöglicht.

12 Verstehen geht vor verstanden werden

Monika: Ich finde es ganz elementar wichtig, dass ich zuerst den Klienten verstehe, bevor ich erwarte, dass er mich versteht.

Rico: Das ‚verstanden werden' wird mit dieser Annahme ja nicht ausgeschlossen. Es werden nur Prioritäten gesetzt.

Monika: Richtig, denn wenn ich den Klienten und seine Bedürfnisse und Anliegen nicht richtig verstehe, ist die Gefahr sehr groß, dass Interventionen nicht greifen.

Rico: Dazu fällt mir folgende Anekdote ein: Eine Frau möchte ihr Auto aus der Werkstatt abholen und der Werkstattgeselle präsentiert die Rechnung. *„Wir haben eine komplette Motorwäsche gemacht, Ölwechsel und Bremsscheiben ersetzt, dann haben wir den Lack ausgebessert und den Steinschlag hinten rechts repariert."*

Daraufhin die Frau: *„Ich wollte doch nur die Sommerreifen aufziehen lassen!"*

Monika: Ja das ist ein anschauliches Beispiel dafür was passieren kann, wenn Anliegen nicht hinterfragt bzw. mit präzisen Fragen herausgearbeitet werden.

Rico: Genau. Und nicht nur am Beginn eines Coachings hat Verstehen Priorität, sondern generell. Es besteht sonst auch die Gefahr der Projektion oder des Gedankenlesens wie z.B. ‚die Dame wollte doch sicherlich auch den Lackschaden behoben haben‘.

Monika: An sich ist die Absicht dahinter durchaus eine gute, allerdings nicht im Sinne der Kundin.

Rico: Das kann man verstehen als würde jemand zwanzig Antworten geben, ohne die Frage zu kennen.

Er geht davon aus, dass seine Antworten sehr gut formuliert und verstanden werden sollten, aber im Grunde weiß er gar nicht, was gefragt wurde.

Und die Wahrscheinlichkeit, dass die Antwort (so gut sie auch formuliert sein mag) auf die richtige Frage trifft, ist verschwindend gering.

Monika: Ja das sind häufig jene Menschen, die dich schnell unterbrechen und gleich Lösungen parat haben auf Fragen, die noch gar nicht gestellt wurden oder auch nie gestellt werden.

Rico: Die Gefahr dabei ist das Überstülpen von Meinungen, Sichtweisen und auch Werten bis hin zu Zielen und Lösungen, die nicht vom Klienten selbst kommen.

Monika: Solche Lösungen funktionieren häufig nicht, weil sie nicht ins Klientensystem passen. Ein genaues Herausarbeiten des Auftrages ist daher von entscheidender Bedeutung.

Rico: Wenn der Klient selbst Schwierigkeiten hat, den Auftrag verständlich und konkret zu formulieren, gibt es auf Seiten des Coaches verschiedene Techniken, den Klienten dahin gehend zu unterstützen.

Monika: Wenn ich z.B. einen Klienten habe, der viel und lang redet und sein Anliegen unscharf mit viel Beiwerk vorbringt, dann könnte ich konkret folgendes anbieten:

Ich würde ihn bitten, sein Anliegen auf einen Satz zu beschränken, der das wesentliche aussagt. Damit möchte ich erreichen, dass die wesentlichen Informationen nicht verloren gehen.

Zusammenfassung: Verstehen geht vor verstanden werden

Im Sinne des Klienten ist es notwendig, sein konkretes Anliegen exakt zu erfassen. Ziel ist es, eine passende, auf ihn zugeschnittene Intervention zu erarbeiten. Innerhalb dieses Prozesses findet ein permanenter Abgleich mit den aktuellen (möglicherweise veränderten) Bedürfnissen des Klienten statt. Dies dient der Standortbestimmung, die jederzeit sinnvoll ist.

13 Alles was ein Mensch kann, kann gelernt werden. Alles ist erreichbar, wenn die Aufgabe in hinreichend kleine Schritte unterteilt wird

Rico: Wenn ich an Menschen mit einer besonderen Begabung denke, dann kann ich mir das nur schwer vorstellen. Es gibt schließlich Fähigkeiten, die auf einer hohen Intelligenz beruhen, wie z.B. Einstein sie hatte.

Monika: Genau und ich denke gerade an besonders musikalisch begabte Menschen wie Mozart. Ich kann mir nicht wirklich vorstellen, dass man Strategien entwickeln kann, um zu solch musikalischen Höchstleistungen zu gelangen.

Rico: Für mich macht diese Grundannahme den Eindruck einer Affirmation.

Monika: Ja klar, so nach dem Motto: Wenn ich mir nur lange und intensiv genug einrede, wie virtuos ich Klavier spielen werde, ist es ein Kinderspiel und dann kann ich es tatsächlich zur

Konzertreife bringen. Das war mal jetzt mal bewusst provokativ ausgedrückt.

Rico: So weit, so provokativ. Ich könnte mir vorstellen, dass es eher anders gemeint ist.

Ich stelle mir gerade einen Kugelstoßer vor, der den Blick auf den Horizont richtet und weniger auf den Zielbereich, den er wahrscheinlich tatsächlich treffen wird. Doch zunächst wird dieser Kugelstoßer nicht damit beginnen, den aktuellen Rekord zu brechen, sondern er beginnt mit dem nächsten kleinen, sinnvollen Schritt.

Monika: Das heißt dann auf mein Beispiel mit dem Klavier bezogen, dass es hilfreich ist, wenn ich mir mein Ziel höher setze als ich es mir zutraue. Beginnen muss ich allerdings wie überall zunächst im Kleinen, z.B. mit ersten Fingerübungen auf der Tastatur.

Rico: Ja und zudem könnte ich mir noch vorstellen, dass wir bei der Arbeit mit Vorbildern leichter die Scheu verlieren, einen wirklich grandios begabte Person zum Vorbild nehmen oder zum Lernen am Modell.

Monika: Es könnte aber auch das Gegenteil der Fall sein, nämlich dass mir so ein geniales, virtuoses Vorbild eher Angst macht. Die Messlatte scheint mir dann viel zu hoch und würde mich entmutigen überhaupt etwas anzufangen.

Rico: Ja das stimmt. In dem Fall hast du schon eine Art inneren Realitätsabgleich gemacht. Du hast deine Wahrscheinlichkeiten aufgrund deiner bisherigen Erfahrung geschätzt.

Wenn es jedoch darum geht, neue Dinge zu lernen oder in unbekannte Gebiete vorzudringen, sind die bisherigen Erfahrungswerte nur bedingt brauchbar.

Monika: Ja das kann ich nachvollziehen.

Rico: Die Geschichte ist voller Beispiel, wo Visionen Leitbilder der Menschheit waren und wo Ziele erreicht und sogar übertroffen wurden, von denen die Mehrheit nie zu träumen wagte. So sagte man etwa, es sei unmöglich, die Schallmauer zu durchbrechen.

Monika: Ganz genau..... wenn ich so an bahnbrechende Erfindungen denke, wie Eisenbahn, Auto und sogar ein Flug zum Mond.

Zusammenfassung: Alles was ein Mensch kann, kann gelernt werden. Alles ist erreichbar, wenn die Aufgabe in hinreichend kleine Schritte unterteilt wird

Man muss eine Sache nicht schwieriger machen, als sie ist. Man kann sie aber durch erfolgsorientiertes Denken attraktiver machen und sinnvolle Zwischenschritte einbauen.

14 Jegliche Kommunikation unterliegt Tilgungen

Monika: Wie ist diese Aussage zu verstehen?

Rico: Nehmen wir z.B. mal deine Frage. Trotz des Kontextes, aus dem ich indirekt auf das gemeinte schließen könnte, kann ich mir jedoch nicht zu 100 Prozent sicher sein, dass du das was ich denke, wirklich so meinst. Ich würde jetzt meinerseits auf deine Frage nachhaken, in welchem Zusammenhang du dies verstehen möchtest, also in dem Fall wurde der Bezug getilgt (= verstehen in Bezug auf was?).

Monika: Das heißt, ich hätte meine Frage präzisieren sollen, damit du eindeutig verstehst, was ich meine.

Rico: Da unsere beiden Weltmodelle unterschiedlich sind – wovon ich jetzt mal ausgehe – kannst du dir nie sicher sein, dass deine Aussage oder Frage genau so eindeutig verstanden wird, wie du es gemeint hast. Da du stets aus deinem

Modell der Welt heraus kommunizierst, ergibt sich die Notwendigkeit eine entsprechende Übereinstimmung im Modell des anderen zu finden – dies ist jedoch nicht garantiert.

Monika: Was genau meinst du jetzt damit?

Rico: Du musst ja sicherstellen, dass wir beide dasselbe meinen. Begriffe können für jeden eine unterschiedliche Bedeutung haben.

Monika: Das erinnert mich an eine Begebenheit, die noch nicht allzu lang zurückliegt. Wir haben uns verabredet und du sprachst von ‚Nachmittag' und ich plante schon ein, früher aus der Arbeit zu gehen. Nachmittag bedeutet für mich die Zeit ab ca. 14 Uhr während du ab 17 Uhr meintest.

Rico: Genau. Egal wie präzise wir sind und wir uns bemühen, maximale Informationen weiter zu geben, lassen sich Missverständnisse nie gänzlich ausschließen.

Monika: Stimmt, denn dann müsste ständig jeder Begriff erklärt werden und auch die Erklärung müsste erklärt werden, was schon allein aus Zeitgründen nicht alltagstauglich wäre. Bei Verabredungen wäre es dann eindeutiger, eine genaue Uhrzeit zu vereinbaren. Dass es sich dann dabei z.B. um mitteleuropäische Sommerzeit handelt, können wir voraussetzen.

Zusammenfassung: Jegliche Kommunikation unterliegt Tilgungen

Da wir im Alltagsleben nicht jede Bedeutung zu jedem Begriff mitliefern können, ist es durchaus sinnvoll, sich durch nachfragen zu vergewissern, dass wir einigermaßen verstanden wurden.

Beim Verinnerlichen der Tatsache, dass mit jeder Kommunikation auch Tilgungen einhergehen, verändere ich meine Wahrnehmung darauf. So habe ich die Möglichkeit, mein Gegenüber auf bewusstere Art wahrzunehmen wie auch meine eigene Kommunikation zu verbessern und bei Missverständnissen entsprechend nachzufragen.

15 Jegliche Kommunikation dient einem Zweck – es gibt keine sinnlose Kommunikation

Rico: Wie würde ich als Schüler diese Grundannahme meiner Lehrerin erklären, wenn sie mich im Unterricht mal wieder ermahnt, still zu sein und nicht sinnlos dazwischen zu quatschen?

Monika: Ganz einfach ...für dich aus deiner Sichtweise macht das dazwischen quatschen sehr wohl Sinn und das könntest du ihr versuchen zu erklären, oder wie siehst du das?

Rico: Absolut, wenn ich zum Beispiel meinen Banknachbarn gerade etwas gefragt habe. Das ‚sinnlos‘ in der Aussage der Lehrerin kann sich dann nur auf ihr Modell der Welt beziehen.

Monika: Richtig, und auch ein nerviger Dauerredner verfolgt damit ein Ziel, z.B. Aufmerksamkeit, wenn auch zuweilen unbewusst.

Rico: Genau, denn Energie folgt der Aufmerksamkeit.

Monika: Was meinst du denn mit Energie? Darunter kann ich mir gerade in dem Zusammenhang nichts Konkretes vorstellen.

Rico: Stell dir mal vor, du müsstest jetzt 2 Stunden einem Dauerredner mit einem sehr, sehr langweiligen und trocknen Thema deine Aufmerksamkeit schenken. Aufmerksamkeit könnte man in dem Fall als eine andere Form der Energie betrachten, denn am Ende des Tages ist dein Energieniveau sehr wahrscheinlich verbraucht. Energie kann verschiedene Formen annehmen. Mir würden jetzt spontan Aufmerksamkeit, Zeit und Geld einfallen, vielleicht auch Lebensmut, Körperkraft, Ausdauer.

Monika: Dann wäre ein Dauerredner so eine Art Energieräuber.

Rico: In vielen Lebenssituationen gilt es zu prüfen, ob der vermeintliche Energieräuber tatsächlich die Macht hat, uns Energie zu entziehen oder ob es nicht eher anders herum ist, dass wir selbst entscheiden, wohin wir unsere Energie geben? In unsrem Fall hast du die Möglichkeit zu entscheiden, ob du weiterhin in der Rolle des Zuhörers sein möchtest, um somit deine wertvolle Energie zu geben oder nicht.

Monika: Und wenn es eine dienstliche Anordnung ist, mir diesen scheinbar sinnlosen 2-Stunden-Vortrag anzuhören? In dem Fall habe ich diese Entscheidungsfreiheit nicht, bzw. wenn ich mich entscheiden würde, dann hätte das dementsprechende unangenehme Konsequenzen.

Rico: In dem Fall bestimmt eine höhere Instanz oder ein Rahmen den Fluss dieser Energierichtung. Als Gegenleistung allerdings bekommst du dafür einen Ausgleich, dein Gehalt. So ist die Zweckmäßigkeit dieser Kommunikation auch gegeben.

Monika: Ich reagiere in solchen Situationen mit äußerer oder innerer Flucht oder versuche den Dauerredner zu bremsen, um auf das Wesentliche zu kommen.

Rico: Die Flucht ist u.a. eine Form der Abgrenzung, während die andere Variante eher lösungsorientiert sein könnte. In beiden Fällen veränderst du die Richtung der Aufmerksamkeit und somit deinen Energieverlust.

Monika: Vielredner im Beratungskontext versuchen oft unbewusst, durch diesen Defensivmechanismus von ihren eigentlichen Themen abzulenken.

Zusammenfassung: Jegliche Kommunikation dient einem Zweck – es gibt keine sinnlose Kommunikation

Eine typische Falle, in die Coachinganfänger geraten können, ist ein Bewerten oder Urteilen über die auf den ersten Blick sinnlose Kommunikation. Ein Blick hinter die Kulissen ist angebracht und meistens lohnenswert.

16 Wenn du von jemandem etwas möchtest, schaffe einen Kontext, in dem die erwünschte Veränderung wie von allein geschehen kann

Rico: Wenn wir uns einmal in unsrem Alltag umschauen, dann werden wir diese Vorgehensweise sehr oft wieder finden, z.B. in der Werbung, im Wahlkampf oder auch in den einfachsten Alltagsaufgaben.

Monika: Das heißt, es muss erst der Acker dafür bereitet werden bzw. ein Fundament geschaffen werden.

Rico: Das trifft es ziemlich gut. Angenommen, ich möchte z.B. meine Tante in Buxtehude besuchen. Was muss ich vor der Reise tun? Es steht immer die Phase der Vorbereitung an. In dem Fall würde das z.B. bedeuten, ich stelle in der Firma einen Urlaubsantrag, ich packe meinen Koffer, ich informiere mich nach der entsprechenden Zugverbindung, ich kaufe eine Fahrkarte usw.. Dabei vergesse ich natürlich nicht, vorher meine Tante anzurufen, ob sie im entsprechenden Zeitraum da ist und ob sie mich überhaupt sehen möchte. Das jeweilige Vorgehen ist bei jedem anders, je nach entsprechender Lebenssituation.

Monika: Das war ein anschauliches Beispiel. Lass es uns erweitern, wie wir den Acker vorbereiten, wenn wir von jemand anderem was möchten, wenn wir ein bestimmtes Ziel erreichen wollen.

Rico: Der 10jährige Simon möchte von seinen Eltern am Wochenende eine Extrastunde Medienzeit bekommen. Normalerweise würden die Eltern ihm das verwehren. Allerdings hat Simon einen Plan.

Er deckt den Frühstückstisch, wartet mit seinem Anliegen bis die Eltern ausgeschlafen haben, setzt sich dann mit einem Lächeln und einer Mathearbeit, in der er eine eins bekommen hat an den Tisch, erklärt er hätte eben sein Zimmer aufgeräumt und alle Hausaufgaben komplett fertig. Nun hat er gute Chancen eine Extrastunde Medienzeit zu bekommen.

Monika: Den Acker bereiten kann und sollte man auch vor einem Personalgespräch z.B. bezüglich einer Gehalterhöhung. Darauf sollte man sich gut vorbereiten und Argumente bereithalten, die für eine Gehalterhöhung sprechen und die den Vorgesetzten überzeugen könnten (überdurchschnittliche Leistungen, Übernahme von zusätzlichen oder besonderen Aufgabenbereichen, Überstunden, besonders erfolgreiche Jahresabschlüsse, erfolgreich absolvierten Fortbildungen).

Auch das Timing eines solchen Gespräches ist wichtig und sollte nicht zwischen Tür und Angel erfolgen oder wenn es zeitlich ungünstig ist.

Interessanterweise tun wir häufig das Gegenteil, nämlich wir kritisieren die schlechte Bezahlung, führen an seit wann wir keine Gehaltserhöhung bekommen haben usw. Dieser Jammermodus führt eher zum Gegenteil und ist daher wenig zielführend.

Zusammenfassung: Wenn du von jemand etwas möchtest, schaffe einen Kontext, in dem die erwünschte Veränderung wie von allein geschehen kann

Wer einen Stein ins Rollen bringen möchte sollte dafür sorgen, dass dieser möglichst rund ist und sich auf einem Berg befindet.

17 Jeder Mensch hat jederzeit die Möglichkeit, inneres und äußeres Erleben und Erfahrungen zu hinterfragen, neu zu bewerten und so seine innere Landkarte zu verändern

Rico: Benötige ich dazu von außen Impulse? Können diese Prozesse jederzeit von innen heraus geschehen?

Monika: Beides ist möglich. Du hast sicher schon mal die Erfahrung gemacht, dass eine Situation zunächst nicht so war, wie du es dir in dem Moment gewünscht hast. Rückblickend betrachtet konntest du feststellen, dass die Erfahrung jedoch sehr wichtig war für deinen persönlichen Reife- und Entwicklungsprozess.

Rico: Was bräuchte ich denn, um eine neue Sichtweise zu bekommen?

Monika: Wichtig ist zunächst die Wahrnehmung, dass eine Differenz zwischen Soll und Ist-Zustand besteht (inneres und äußeres Erleben,

Wahrnehmen, Fühlen, Denken). Nun liegt es an dir zu entscheiden, ob du mit dieser Diskrepanz leben möchtest.

Falls ja ist die Fragestellung hinfällig, weil du ja keine neue Sichtweise brauchst, d.h. du kannst mit der Situation wie sie ist, gut leben.

Rico: Falls nein überprüfe deine Gefühle und Wünsche und formuliere mögliche Ziele bzw. verändere bereits bestehende Ziele. Als nächstes wäre es meiner Meinung nach sinnvoll, eine entsprechende Strategie auszuarbeiten und einen zeitlichen Rahmen zu setzen.

Monika: Der Gesamtprozess sollte in überschaubare kleine Etappenziele gegliedert sein, die selbst erreichbar und überprüfbar sind. Ferner sollte ein Ökocheck durchgeführt werden.

Rico: Das hört sich zunächst etwas komplizierter an als es ist.

Monika: Stell dir vor du hast einen Job, der dir nicht gefällt und in dem du dich sehr unzufrieden fühlst. Nun musst du dich entscheiden, ob du weiter so leben und arbeiten möchtest.

Wenn nein, dann wäre der nächste Schritt die Überprüfung deiner Ziele. Was willst du beruflich verändern? Wohin soll es gehen? Was wünschst du dir? Dann wird ein Strategieplan erstellt (z.B.

mit der Disney Methode) und wie oben beschrieben, in kleine Etappenziele gegliedert.

Rico: Und dabei ist zu überprüfen, ob das Ziel meinem Werte- und Lebensplan entspricht.

Monika: Manchmal ergeben sich Lösungen auch ganz einfach und ohne große Strategieplanung. Mir geht's oft so, wenn ich mit Kollegen zwischendurch über schwierige Situationen rede, die mich z.B. wütend machen.

Oft bedarf es nur weniger Sätze von außen, und ich kann die Situation aus einem anderen Blickwinkel betrachten und die negative Emotion ist verflogen zugunsten eines lösungsorientierten Denkens.

Zusammenfassung: Jeder Mensch hat jederzeit die Möglichkeit, inneres und äußeres Erleben und Erfahrungen zu hinterfragen und neu zu bewerten und so seine innere Landkarte zu verändern

Die Verinnerlichung dieser Grundannahme ermöglicht wahrnehmungsorientiertes Wachstum ohne dabei im Problembereich zu verharren sondern zielorientiert nach vorne zu sehen und ins Handeln zu kommen.

Auf der anderen Seite fördert dies das Bewusst-sein, dass manche Konflikte sich relativ leicht oder auch auf unbewusster Ebene lösen lassen.

18 Widerstand beim Klienten bedeutet mangelnde Flexibilität auf Seiten des Beraters

Monika: Heißt das es liegt in meiner Rolle als Berater nur an mir, wenn es im Coachingprozess nicht zielführend weiter geht?

Rico: Ja könnte man so sehen. Ich glaube, dass der professionelle Grad der Kommunikation beim Coach liegt. Nun kommt es auf die Flexibilität des Beraters an, analog zu der Grundannahme ‚Wenn etwas nicht funktioniert, versuche etwas anderes' zu reagieren.

Monika: Das heißt, ich muss mich auf den Klienten einstellen und entsprechend meine Kommunikationstools anpassen, einsetzen und bei Bedarf verändern.

Schwierig wird es, wenn seitens des Klienten eine emotionale oder kognitive Blockade besteht oder auch ein Krankheitswert vorliegt, der nicht in den Bereich des Coachings fällt. Gerade kam mir noch folgender Gedanke ....

Rico: .... bezüglich des eigenen Könnens?

Monika: Nein, ich dachte an Mechanismen wie Projektion, Übertragung und Gegenübertragung, Trigger und andere Einflüsse, die eine Kommunikation erschweren und das Coaching nachhaltig stören können.

Rico: Absolut, ich bin der Meinung, dass unter Flexibilität auch jene Gedanken gedacht werden müssen, den Klienten im Ausnahmefall abzugeben, um so seinen Entwicklungsprozess optimal zu unterstützen.

Das bedeutet natürlich auch auf der anderen Seite, die eigenen Fähigkeiten zu erkennen und die Demut, seine eigenen Grenzen zu akzeptieren.

Zusammenfassung: Widerstand beim Klienten bedeutet mangelnde Flexibilität auf Seiten des Beraters

Verantwortungsvolle Kommunikation im Coaching erfordert einerseits Flexibilität, bewusste Wahrnehmung, Kreativität, Methodensicherheit und vor allem Demut ebenso wie eine ethisch-moralische Grundhaltung seitens des Beraters.

19 Veränderungen müssen ökologisch sein, sonst gibt es Problemverschiebungen oder Veränderungen werden überhaupt nicht umgesetzt

Monika: Das heißt, wenn ich ein Problem löse, habe ich u.U. ein oder mehrere andere Probleme auf einer anderen Ebene.

Rico: Wenn wir den Begriff Problem einmal genauer betrachten, so beinhaltet dieser zumeist ein nicht bzw. wenig funktionales Verhalten, Empfinden oder Denken. Diese Aspekte beziehen sich immer auf einen gewissen Kontext, z.B. ein Ziel.

Monika: Wenn ich es richtig verstehe, sollen Veränderungsprozesse entsprechend geprüft, geplant und umgesetzt werden.

Rico: Ja genau im Sinne eines Ziels. Dies bedarf immer einer Realitätsprüfung, d.h. eine Überprüfung wie und inwieweit in den einzelnen Lebensbereichen neue Konflikte entstehen könnten. Das können Wertekonflikte sein, Symptomverschie-bungen, Rückfall in alte Muster, Problemver-schlimmerung etc..

Monika: Das bedeutet, wenn ich mich z.B. be-ruflich neu orientiere, könnte dies in Konflikt mit dem Familienleben stehen, weil ich z.B. später als bisher heimkomme, Wochenenddienste habe, Auslandsaufenthalte usw. und damit weniger Zeit für Partnerschaft und/oder Kinder zur Verfügung steht.

Rico: Das Interessante daran ist, dass das eigene System i.d.R. ein ausgezeichnetes Gespür für zukünftige Veränderungen hat.

Monika: Du meinst damit, dass das Bauchge-fühl häufig ein guter Ratgeber ist. Rationale Men-schen tendieren nämlich eher dazu, etwas sehr lange zu überdenken und Gefühlen nicht die Be-deutung zu geben, wie das bei eher emotionalen Menschen der Fall ist.

Rico: Entscheidend für den Erfolg eines Coachings ist ein gewissenhaftes und vor allem ehrliches Ausarbeitens der Verträglichkeit der Ziele seitens des Klienten.

Monika: Dies ist ein sehr wichtiger Aspekt. Die Lebenswelt des Klienten ist von ganz zentraler

Bedeutung für eine erfolgreiche Beratungstätig-
keit.

**Zusammenfassung: Veränderungen müs-
sen ökologisch sein, sonst gibt es Prob-
lemverschiebungen oder Veränderungen
werden überhaupt nicht umgesetzt**

Die Erkenntnis, dass komplexe Zusammenhänge
zwischen den einzelnen Elementen eines Systems
eine sensible Wechselwirkung aufeinander ausü-
ben, ist die Kernaussage dieser Vorannahme.

20 Es gibt keinen Ersatz für saubere, offene Sinneskanäle

Monika: Diese Aussage beinhaltet viele Facetten unserer Wahrnehmung.

Rico: Gemeint ist hier nicht nur die qualitative Wahrnehmung durch die Sinnesorgane, sondern die Wahrnehmung mit Hilfe unterschiedlicher Sinnesorgane überhaupt.

Ich stelle mir gerade vor, wie unmöglich es wäre, wenn ich jemandem den Geschmack eines Apfels erklären müsste, der noch nie einen probiert hat oder einem Tauben wie sich z.B. Beethovens Neunte anhört.

Monika: Nicht weniger wichtig ist die Qualität der Wahrnehmung einzelner Sinnesorgane. Jeder der zum Lesen eine Brille braucht weiß, wie unangenehm es ist, wenn man sie vergisst. Schwerhörige Menschen werden beispielsweise eine andere sensorische Qualität bei einem Konzert erleben.

Rico: Du meinst also, ein leicht schwerhöriger Mensch fühlt sich in der ersten Reihe vom Manowar-Konzert (angeblich lautestes Konzert) wesentlich wohler? Aber im Ernst: Ein weiterer Aspekt ist die bewusste sensorische Wahrnehmung eines Sinnesreizes. So macht es z.B. einen Unterschied, ob ich eine leckere schmackhafte Erdbeere hinunterschlinge oder ganz bewusst genieße.

Monika: Bemerkenswert finde ich, wie sich die Qualität eines Sinneskanals verändert und verfeinert, wenn er einen ausgefallenen Sinneskanal kompensieren muss. Blinde Menschen können ganz anders hören, nehmen Geräusche differenzierter wahr und haben auch ihren Tastsinn i.d.R. deutlich ausgeprägter.

Rico: Interessant finde ich folgenden Gedanken, dass manche Tiere ganz andere Wahrnehmungskanäle haben, über die wir Menschen nicht mal annäherungsweise verfügen.

So haben Schlangen Wärmesensoren, Hunde können in einem wesentlich weiteren Spektrum Gerüche wahrnehmen, Fledermäuse sind Experten für Ultraschall und Elefanten können angeblich über weite Distanzen bis zu 10 km im Infraschallbereich kommunizieren.

Zusammenfassung: Es gibt keinen Ersatz für saubere, offene Sinneskanäle

Bezüglich unserer Sinneskanäle können wir drei Aspekte festhalten: erstens einmal der Sinneskanal an sich, ob vorhanden oder nicht, zweitens eine Einschränkung dieses Sinneskanals und drittens den bewussten Einsatz dieses Sinneskanals.

21 Man kann auch gute Zustände noch verbessern

Monika: Da muss doch erstmal ein guter Zustand erreicht sein. Und wie definiert man einen guten Zustand?

Wenn die nötigen Vitalfunktionen ok sind oder braucht es da etwas mehr? Der Begriff guter Zustand dürfte doch sehr individuell sein.

Rico: Natürlich ist das sehr individuell. Es wird ja auch immer ein Vergleichskontext benötigt, der das eigene Lebensgefühl mit berücksichtigt.

Ich denke es gilt zu unterscheiden zwischen allgemeinem Lebensgefühl über einen längeren Zeitraum (das würde ich vergleichen mit einer Hintergrundmelodie) und den Zuständen innerhalb eines kurzen Zeitraumes, vergleichbar mit dem den Bergen und Tälern einer Achterbahnfahrt.

Monika: Also geht's hierbei um die Höhen bei der Achterbahnfahrt.

Rico: Genau darum geht's, nämlich in erster Linie um einen positiven Zustand in einem Moment und in Bezug auf eine Sache.

Verbessern kann man einen guten Zustand z.B. mit Veränderung der Submodalitäten. Unter Submodalitäten versteht man die Eigenschaften von einzelnen Wahrnehmungsreizen.

Monika: Als Beispiel für die visuellen Impulse habe ich ein aktuelles Erlebnis aus dem Coaching.

Der Klient sollte eine positive Erinnerung aufrufen und konnte dieses Gefühl wesentlich verstärken, in dem er sich selbst in diesen anfänglich von außen gesehenen Film hineingebracht hat, die Farben verstärkt und alles größer und lebendiger fantasiert hat.

Für den auditiven Bereich fällt mir folgendes Beispiel ein. Ein Klient denkt an eine wunderschöne Melodie, die ihn positiv stimmt. Nun stellt er sich diese Melodie überall um sich herum vor und zwar in der entsprechenden Lautstärke, die sein positives Gefühl verstärkt.

Rico: Hast du ein Beispiel für eine kinästhetische Verstärkung (fühlen, empfinden)?

Monika: Wenn du beispielsweise eine ganz schöne Erinnerung hast an eine schwierige Situation, wo dir jemand aufmunternd und tröstend die Hand auf die Schulter legte und du dadurch ruhiger und gelassener wurdest.

Nun kannst du dieses Gefühl noch verstärken, indem du diese Körperempfindung wachsen und sich ausbreiten lässt (von der räumlichen Ausdehnung her).

Rico: Ich stelle mir also die Berührung vor und vergrößere gedanklich den Bereich, so wie es für mein Empfinden genau richtig ist.

So ist es sinnvoll, auf die Ressourcen im Coaching zu achten. Es können sehr wirkungsvolle Zustände geschaffen werden, die wir als Bewältigungsstrategien nutzen können.

Monika: Kannst du das mal an einem Beispiel erläutern?

Rico: Ich bin ein Sänger und schon ziemlich gut, habe ein gutes Gefühl beim Singen und eine positive Grundeinstellung. Allerdings reicht mir das noch nicht, wenn ich z.B. an einem Contest teilnehmen möchte.

Dann kann ich dieses bereits vorhandene positive Gefühl steigern, so wie ich es in dieser Situation brauche.

Zusammenfassung: Man kann auch gute Zustände noch verbessern

Durch Veränderung der Submodalitäten ist es möglich, eine Steigerung des jeweiligen positiven Gefühlszustandes zu erreichen. Dabei ist zu beachten, dass jeder Mensch individuelle Präferenzen hat.

22 Geist, Körper und Umwelt bilden ein einheitliches System. Unsere geistige Einstellung beeinflusst unser psychisches und physisches Wohlbefinden. Ebenso kann das, was wir tun, auch unser Denken beeinflussen.

Monika: Das heißt, alles bedingt einander bzw. hängt voneinander ab.

Rico: Dieser systemische Ansatz gefällt mir sehr gut. So kann man sich bewusst machen, dass auch die kleinste Veränderung eines Bereichs Auswirkungen auf das Gesamtsystem hat. Kennst du dazu vielleicht ein Beispiel?

Monika: Ich habe vor kurzem von einer Studie gelesen, wonach sich bei Menschen die sich ständig über ihren Gesundheitszustand beschweren, negative Auswirkungen auf das Immunsystem nachweisen lassen.

Professor Dr. Peters, Psychologin an der Universität von Maastricht befasste sich in ihrem Forschungsschwerpunkt mit Optimismus. Als Ergebnis konnte sie u.a. nachweisen, dass Optimisten gelassener auf Stress reagieren, sich weniger sorgen, mehr kreative Lösungen suchen.

Aus diesem Grund würden weniger Stresshormone wie Adrenalin ausgeschüttet, der Herzschlag bleibt ruhiger und der Blutdruck niedriger.

Wenn Optimisten mit Problemen konfrontiert werden, bildet deren Immunsystem mehr Abwehrzellen, ebenso werden nach Impfungen mehr Antikörper produziert (sh. Zeit Online vom 5.10.2010).

Rico: D.h. eine positive Einstellung bzw. zuversichtliche Grundhaltung führt zu einem positiveren Gesundheitszustand.

Monika: Ich erinnere mich dabei an ein Zitat von Andreas Tenzer der zum Thema Gesundheit sagte:

„Wenn die Menschen wüssten, wie sehr die Gedanken ihre Gesundheit beeinflussen, würden sie entweder weniger oder anders denken."

Rico: Verändere ich meine Gedanken, verändert sich ebenso auch mein Umfeld entsprechend.

Monika: Das bezieht sich dann sowohl auf positive wie auch negative Gedanken.

Rico: Achte auf deine Gedanken, denn sie haben direkte Auswirkungen auf dein Leben. Wie würdest du nun den Bogen spannen zu Auswirkungen auf das Gesamtsystem?

Monika: Stell dir mal eine gut situierte Familie vor, Vater Alleinverdiener, Kinder auf der Privatschule. Im Rahmen von Umstrukturierungsmaßnahmen wird der Vater als Hauptverdiener arbeitslos.

Die Raten fürs Haus können nicht bezahlt werden, ein Umzug wird notwendig, die Familie muss sich in einem neuen sozialen Umfeld zurechtfinden und integrieren.

Kurz gesagt, der eine Aspekt hat weitreichende Auswirkungen auf das Gesamtsystem Familie und Umfeld.

Zusammenfassung: Geist, Körper und Umwelt bilden ein einheitliches System.

Unsere geistige Einstellung beeinflusst unser psychisches und physisches Wohlbefinden.

Ebenso kann das, was wir tun, auch unser Denken beeinflussen

Achte auf Deine Gedanken, denn sie werden Worte.
Achte auf Deine Worte, denn sie werden Handlungen.
Achte auf Deine Handlungen, denn sie werden Gewohnheiten.
Achte auf Deine Gewohnheiten, denn sie werden Dein Charakter.
Achte auf Deinen Charakter, denn er wird Dein Schicksal.

Talmud

23 Jedes Problem beinhaltet ein Geschenk

Rico: Der Begriff des Problems ist im allgemeinen Sprachgebrauch eher negativ besetzt. Wir tendieren das abzuwehren, was wir negativ bewerten und versuchen nicht selten, dies mit allen uns zur Verfügung stehenden Kräften zu bekämpfen.

Diese erste Reaktion ist unser natürliches Verhalten.

Monika: Vielfach können wir erst im Nachhinein einen positiven Aspekt erkennen oder auch dankbar sein für ein Erlebnis.

Rico: Wenn es uns schon im Vorfeld gelänge, das Problem nicht als etwas statisches, negatives und bedrohliches zu betrachten, könnten wir ein wenig leichter die Perspektive verändern, was bereits einen Lösungsansatz beinhaltet.

Monika: Das ist vermutlich manchmal sehr herausfordernd.

Rico: Ein alter Mönch wurde einmal gefragt, wie er den Tod seiner vielen Glaubensbrüder so scheinbar gleichmütig ertragen könne, ohne selbst in tiefe Angst und Trauer zu versinken.

Monika: Und welche Antwort gab der Mönch?

Rico: Welchen Sinn hätte das Leben ohne den Tod? Gäbe es Berge ohne Täler und was für einen Wert hätte es satt zu sein, wenn man niemals Hunger empfinden würde? Jener Mönch hatte die Dualität der Dinge verinnerlicht.

Das bedeutet, je größer das Problem ist, umso mehr Weisheit, Zuversicht und Demut wird benötigt, um diese Herausforderung als positive Erfahrung zu bewerten.

Monika: Lass uns das mal an ein paar Beispielen verdeutlichen.

Rico: Angenommen im Deutschunterricht bekommt eine Schülerin die Aufgabe ein Gedicht zu lernen. Ihr Problem ist, dass sie sich zu wenig damit beschäftigt hat und sich somit nur wenig Strophen merken kann. Sie kommt darauf, dass sie schlichtweg mehr üben muss.

Das mögliche ‚Geschenk' wäre hierbei ein positiver Glaubenssatz, den man auch auf andere Lebensbereiche übertragen könnte: Übung macht den Meister.

Monika: Ich hatte neulich einen Klienten, der eine sehr belastende Phase durchlebte, die ihm sehr viel Geduld abforderte und ihn fast an seine Grenzen (finanziell und psychisch) brachte.

Als die Situation sich entspannte, konnte er dies als Erfahrungsgewinn und Ressource für die Zukunft verbuchen, dass selbst solche herausfordernde Probleme ohne seine bisherige Strategie, nämlich Suchtmittel zu konsumieren, zu meistern sind.

Rico: Selbst einschneidende Erlebnisse wie der Verlust eines geliebten Menschen können in ihrer Schwere gemildert werden, wenn es uns gelingt, unsere Perspektive zu verändern.

Das könnte für unser eigenes Leben bedeuten, dass ich ganz bewusst meine Zeit im Hier und Jetzt wahrnehme und gestalte.

So können wir z.B. ein Bewusstsein dafür entwickeln, dass erst durch den Tod und die Vergänglichkeit das Leben Sinn bekommt. Durch das Bewusstsein für diese Dualität bekommt unser Glaube und unsere Spiritualität wirkliche Tiefe.

Zusammenfassung: Jedes Problem beinhaltet ein Geschenk

Ob das Glas halb voll oder halb leer ist, entscheiden wir mit unserer Bewertung. Das Leben kann leichter und bunter wahrgenommen werden, wenn wir unseren Fokus mehr auf Lösungen richten, statt im Problemmodus zu verharren.

24 Wir nehmen die Realität durch unsere Sinne wahr, jedoch die wahre Natur der Welt bleibt uns verborgen

Rico: Dadurch, dass die Anzahl und die Fähigkeiten der menschlichen Sinne begrenzt sind, können wir aufgrund dieser Einschränkungen nur das wahrnehmen, was innerhalb dieses Bereiches liegt.

Ebenso begrenzt wie unsere Sinne ist auch unsere Verarbeitungsmöglichkeit von Informationen.

Monika: Mit unseren Sinnesorganen können wir die diesen zugeordneten Bereiche abdecken, z.B. Auge – visueller Bereich, Ohren – auditiver Bereich.

Innerhalb der jeweiligen Bereiche gibt es ein Spektrum, was wir wahrnehmen können. Das menschliche Ohr kann beispielsweise Töne innerhalb einer bestimmten Frequenz wahrnehmen.

Laut Wikipedia sind für den Menschen Schall-wellen mit einer Frequenz von 20 Hz bis ca. 20.000 Hz hörbar.

Rico: Genau, zudem kommt noch die Qualität der Wahrnehmung in den Bereichen dazu, ob dieses bewusst oder unbewusst stattfindet.

Monika: Nehmen wir z.B. unsere gemeinsamen S-Bahn-Fahrten. Die Geräusche der Bahn und der Mitreisenden werden vom jeweiligen Sinnes-kanal wahrgenommen.

Bei einem konzentrierten Gespräch ist es jedoch durchaus möglich, dass die Hintergrundgeräu-sche in den unbewussten Bereich verschoben werden. Sie werden dann aus dem bewussten Be-reich ausgeblendet.

Rico: Das heißt jedoch nicht, dass es nicht noch mehr wahrnehmbare Sinnesinformationen über die Welt zu erfahren gäbe.

So ist der Mensch z.B. nicht in der Lage, Ultra-schall wahrzunehmen, im Tierreich hingegen ist dies durchaus möglich (bei Fledermäusen).

Monika: Die neuronale Verarbeitung spielt in der Sinneswahrnehmung eine nicht zu vernach-lässigende Rolle.

Entsprechend der Art der Reize findet eine Interpretation und eine Zuordnung zu bekannten Erfahrungsmustern statt.

Bei nicht vorhandenen Erfahrungen orientiert man sich an den nächst ähnlichen.

Rico: Als Beispiel betrachten wir einmal wie schnell wir reagieren, wenn wir etwa mit der Hand an die Flamme einer Kerze geraten. Da ist wenig Spielraum für Interpretationen (Reiz-Reaktions-Muster).

Wenn ich jedoch in der freien Natur bin und am Waldesrand ein Tier sehe, dann muss ich mich entscheiden, welches Verhalten in dem Moment sinnvoll ist. Hierbei findet eine Interpretation statt in Bezug auf das Tier.

So kann ich mich entscheiden, ob ich die Flucht antreten muss.

Zusammenfassung: Wir nehmen die Realität durch unsere Sinne wahr, jedoch die wahre Natur der Welt bleibt uns verborgen

Lediglich im einfachen Reiz-Reaktions-Muster reagieren wir direkt auf Sinnesreize. Je abstrakter eine Entscheidung für ein Verhalten von Nöten ist, umso mehr Interpretationen durch höhere kognitive Funktionen müssen durchlaufen werden. Mit anderen Worten: Je komplizierter eine Entscheidung ist, umso mehr muss ich darüber nachdenken und umso mehr Erfahrungen brauche ich, um ein adäquates Ergebnis zu erzielen.

Es ist jedoch nicht ausgeschlossen, dass uns gewisse Aspekte eines Sachverhaltes schlichtweg nicht zugänglich sind. Wenn ich z.B. ein Auto kaufe und es selbst nicht Probe gefahren habe, dann entgehen mir womöglich wichtige Eigenschaften, etwa wie es sich anfühlt zu fahren.

25 Ich übernehme Verantwortung für mich, für mein Handeln, Fühlen und Denken

Monika: Unser Leben läuft nicht immer nach unseren Vorstellungen und Wünschen ab. Nicht auf alles haben wir dabei Einfluss. Verantwortung soll in diesem Kontext nicht als Synonym für ‚Schuld haben‘ verstanden werden.

Das heißt aber auch, ich mache weder ausschließlich Menschen noch Umstände für mein Verhalten, Empfinden und mein Erleben verantwortlich.

Rico: Sehr oft im Leben empfinden wir den Geschehnissen gegenüber ein Ohnmachtsgefühl. Dieses kann mehr oder weniger berechtigt sein. Verantwortung zu übernehmen bedeutet, die jeweilige Situation anzunehmen und zu akzeptieren.

Erst aus dieser Haltung heraus können wir eine sinnvolle Handlungsmöglichkeit entwickeln.

Monika: Wobei akzeptieren nicht gleichzusetzen ist mit gut oder ok finden.

Rico: Erst einmal geht es darum, die Realität anzuerkennen und von diesem Punkt aus auch eigene dazugehörige Emotionen wahrzunehmen wie auch im nächsten Schritt vielleicht Einflussmöglichkeiten zu suchen.

Monika: Handlungsmöglichkeit bedeutet dabei nicht immer aktives Tun. Viel schwieriger ist das akzeptieren einer Tatsache, die sich außerhalb meiner Bewältigungsmöglichkeiten befindet, z.B. mit einer chronisch fortschreitenden, nicht behandelbaren Krankheit umzugehen.

Rico: Das Akzeptieren der Realität kann manchmal die höchste Form von Verantwortung übernehmen bedeuten.

Monika: Es gibt natürlich auch Menschen, denen es vergleichsweise gut geht und die dennoch auf hohem Niveau jammern.

Das Verharren in dieser Opferrolle verhindert, dass Verantwortung übernommen wird und teilweise werden vorhandene Handlungsspielräume ausgeblendet.

Die Verantwortung wird in diesem Fall anderen übergeben.

Rico: Genau, oder anderes ausgedrückt – ich bekomme meinen Allerwertesten nicht hoch und gebe dafür anderen die Schuld.

Egal was wir tun, unser Handeln hat immer Konsequenzen. Manchmal mehr, manchmal weniger spürbar und manchmal folgt unserer Handlung eine tiefgreifende Veränderung.

Mit dem Bewusstsein, dass unser Tun sowie das was wir nicht tun, in unserer Verantwortung liegt, kann es uns gelingen, achtsamer mit dieser oder jener Situation oder Entscheidung umzugehen.

Womöglich halten wir dann einmal mehr inne und bedenken die Konsequenzen, bevor wir etwas tun oder auch nicht tun.

Monika: Allerdings gibt es auch Fälle höherer Gewalt, wo man keinen Einfluss hat oder nur die Wahl zwischen mehreren unbefriedigenden Optionen.

Rico: Zudem ist noch zu bedenken, dass wir nie alle Konsequenzen unseres Verhaltens voraussehen können.

Angenommen ich bin Polizist und steige in meinen Einsatzwagen. Ich kann tausend Einsätze unversehrt erfolgreich absolvieren. Dennoch ist es nicht ausgeschlossen, dass ich beim 1000 und xten Mal selbst in einen Unfall verwickelt werde.

Monika: Ja Rico, du denkst dabei an deinen Bruder Sebastian, der bei einem Polizeieinsatz ums Leben kam. Wer könnte sich schon anmaßen, hierbei von Verantwortung für das eigene Handeln zu sprechen.

Zusammenfassung: Ich übernehme Verantwortung für mich, für mein Handeln, Fühlen und Denken

Hat man diese Vorannahme verinnerlicht, so kann sich unser Handlungsspielraum erweitern. Allerdings gibt es auch Situationen, auf die wir keinerlei Einfluss haben. Diese gilt es dennoch zu akzeptieren.

26 Achtsamkeit ist einer der Schlüssel zum effektiveren Lösen eines negativ empfundenen Zustands

Monika: Im Achtsamkeitsprozess in Bezug auf negative Emotionen könnten wir ein Drei-Punkte-System zur Anwendung bringen. 1. Wahrnehmen der Emotion, 2. Beobachten, 3. Akzeptanz und Zulassen.

Rico: Zunächst mal gilt es zu unterscheiden, was wir mit Gefühlen meinen und welche Gefühlsarten es gibt.

Monika: Was das Thema Gefühle/Empfindungen betrifft können wir diese in 2 Überkategorien einteilen, nämlich nach Körperempfindungen und Gefühlen bzw. Emotionen.

Rico: Als Körperempfindungen würde ich jetzt Wahrnehmungen bezeichnen wie Schmerz, Hunger, Frieren etc., während z.B. Wut, Trauer, Freude, Liebe zu den Gefühlen und Emotionen zählen.

Monika: Ich meine, bei den Körperempfindungen könnte man nach Intensität und Dauer unterscheiden, ebenso wo die entsprechende Empfindung im Körper lokalisiert werden kann. Auch Ausdehnung und Größe der Empfindungen können variieren sowie weitere Parameter.

Rico: Gefühle unterliegen stets einer Interpretation, d.h. wenn ich so etwas wie Freude empfinde, spielt die jeweilige innere Landkarte dabei eine wesentliche Rolle.

Monika: Die innere Landkarte entscheidet z.B., welche Gefühle in welcher Situation hervorgerufen werden. Ebenso spielen die eigene Identität, das jeweilige Wertesystem und verinnerlichte Glaubenssätze eine Rolle.

Rico: Des Weiteren würde ich noch die Unterscheidung treffen zwischen den verschiedenen Arten der Gefühle, z.B. Primärgefühl, Sekundärgefühl, Fremdgefühl usw..

Monika: Bei den Körperempfindungen kann ich relativ leicht Einfluss nehmen, indem ich z.B. Nahrung zu mir nehme oder mich entsprechend kleide.

Nun ist es bei Gefühlen nicht ganz so einfach diese zu steuern, wenn sie getriggert werden.

Rico: Nehmen wir z.B. analog die philosophische Debatte über den freien Willen. Es ist nicht entscheidend, ob wir tatsächlich einen freien Willen besitzen oder nicht, sondern vielmehr ob ich selbst glaube, dass ich einen freien Willen besitze, also diese Annahme für mich selbst als richtig erachte.

Bei der Verantwortung für meine eigenen Gefühle ist es ähnlich. Wenn ich mich dafür entscheide, dass ich keinen Einfluss auf meine Gefühle habe, um keine Verantwortung übernehmen zu müssen, werde ich meinen Gefühlen machtlos gegenüber stehen.

In dem Fall werde ich keinen Versuch unternehmen, irgendeinen Einfluss auf diese auszuüben, sondern ich werde eine Schuldzuweisung vornehmen oder ich werde meine Gefühle verdrängen.

Gehe ich aber davon aus, dass ich meine Gefühle annehmen kann, so würde ich damit einen positiven Einfluss auf den Lösungsprozess nehmen können.

Monika: Letztendlich liegt es in meiner Verantwortung, für welches Gefühl ich mich entscheide. Und es ist wichtig zu wissen, dass Gedanken unsere Gefühle beeinflussen und steuern können.

Dies wiederum gibt ein Gefühl von Freiheit, Wahlmöglichkeit und eben nicht das Gefühl des hilflosen Ausgeliefert-seins.

Zusammenfassung: Achtsamkeit ist einer der Schlüssel zum effektiveren Lösen eines negativen empfundenen Zustandes

Wir haben die Wahl: entweder wir entscheiden uns dafür, Einfluss auf unsere Gefühle nehmen zu können, dann stimmt das oder wir entscheiden uns dafür, keinen Einfluss auf unsere Gefühle zu nehmen, dann stimmt auch dies. Je nachdem für was ich mich entscheide, es wird maßgebliche Auswirkungen auf mein Verhalten und somit letzten Endes auch auf meine Gefühle haben.

27 Die Art und Weise wie wir wahrnehmen und bewerten wird von verschiedenen Faktoren beeinflusst

Monika: Faktoren können sein: Tagesform, Gesundheitszustand, Jahreszeit, Wetter, seelische Verfassung, Medikamenteneinnahme, Suchtmittel, Bewältigungsstrategien, finanzielle Situation, aktuelles soziales Umfeld, Sozialisation, genetische Dispositionen, Erfahrungen und Lebensumstände allgemein.

Rico: Während wir auf manche Faktoren wie genetische Disposition keinerlei Einfluss haben, so sieht es bei Aspekten wie Bewältigungsstrategien anders aus.

Du hattest an anderer Stelle den Begriff Triggerprozesse genannt. Was genau verstehst du darunter und inwiefern wirkt sich das auf unsere Wahrnehmung im Verarbeitungsprozess aus?

Monika: Ein Triggerprozess ist ein Reiz-Reaktions-Verhalten, bei dem durch einen speziellen

Reiz eine bestimmte Reaktion hervorgerufen wird.

Triggerreize können z.B. permanenter Lärm, unangenehme Gerüche oder auch ganz spezifisch in der eigenen Biografie verankert sein.

Werden wir mit entsprechenden Reizen konfrontiert, wie ein als nervig empfundenes Verhalten unserer Mitmenschen (z.B. lautes Kaugummischmatzen) so ist bedingt durch den Verarbeitungsprozess konzentriertes Arbeiten erschwert wenn nicht gar unmöglich.

Rico: Insbesondere wenn Störreize kumulativ auftreten, d.h. zu dem lauten Geräusch kommt noch ein unangenehmer Geruch und vielleicht auch noch innere belastende Gedanken hinzu, so kann sich das negativ auf Bewertung und Wahrnehmung auswirken.

Monika: Nicht nur bei geschäftlichen Verhandlungen wird dieser Tatsache Rechnung getragen, in dem man darauf achtet Störgeräusche zu eliminieren und das Ambiente so zu wählen, dass der Verhandlungspartner es als möglichst komfortabel und angenehm empfindet.

Diese Dynamik könnte man auf viele andere Lebensbereiche exemplarisch übertragen.

Rico: Daher sollte es in der Arbeit mit dem Klienten ein wichtiges Anliegen sein, ein Umfeld zu schaffen, welches Konzentration eher ermöglicht als verhindert, welches möglichst triggerfrei und projektionsarm gestaltet ist.

Monika: Ferner sollte bedacht werden, dass Themen und Methoden auf die augenblickliche Verfassung des Klienten weitestgehend abgestimmt werden.

Zusammenfassung: Die Art und Weise wie wir wahrnehmen und bewerten wird von verschiedenen Faktoren beeinflusst

Die Bewertung von etwas ist kein Verhalten, welches man als konstant bezeichnen könnte. Vielmehr existieren viele Parameter, die sich rasch ändern können.

28 Formuliere deine Aussagen positiv, wenn es um Zielerreichung geht

Rico: Vielleicht kennst du die Aussage *,nicht'* wird nicht verstanden, z.B. denke nicht an ein rosa Einhorn.

Damit wir dieser Aufforderung Folge leisten können ist es notwendig, dass wir zuerst ein inneres Bild eines rosa Einhorns erzeugen, um dann an etwas anderes zu denken, vielleicht an ein blaues Krokodil.

Monika: Also wäre es sinnvoll im Sinne eines zielorientierten Denkens gleich mit dem blauen Krokodil zu beginnen.

Rico: Unsere Aufmerksamkeit bestimmt unseren Kurs, also die Richtung, worauf ich mich zubewege. Wenn ich mich von etwas wegbewegen möchte, lenke ich meine Aufmerksamkeit zunächst unweigerlich in diese Richtung und bewege mich – ohne es vielleicht zu wollen – direkt oder indirekt darauf zu.

Monika: Das stimmt, wir denken erstmal automatisch an das, wovon wir uns wegbewegen möchten, was wir nicht wollen oder vermeiden möchten.

Es fällt meist auch viel leichter aufzuzählen, was nicht passieren soll. Wichtig dabei ist, dass in unserer Zielformulierung die positive Perspektive im Vordergrund steht, das was wir erreichen möchten, also ‚weg von‘, wird transformiert zu einem ‚hin zu‘.

Rico: Wie stark die Macht der Negation ist, wird mir manchmal in unseren Coachings bewusst, wenn Klienten ihre Ziele formulieren sollen und oftmals Aussagen treffen wie:

Ich möchte keinen Chef mehr, der .... oder keine Arbeitszeiten mehr, die .... oder keinen Partner mehr, welcher ......

Mit diesen Gedanken zieht man jedoch genau das an, was man im Grunde vermeiden möchte. Stellt der Berater dann die Frage: Und was möchtest du stattdessen, gelangt man eher zu einem positiv formulierten Ziel.

Monika: Vielen ist sicher noch der TV-Spot in Erinnerung mit den Fragen an die Fans im Stadion „Wollt ihr Verlängerung?“ „Nein, Nein“,

„Wollt ihr Elfmeterschießen?", „Nein, Nein".
„Was wollt ihr denn?"

Die Antwort ist ein bestimmtes, bekanntes Kaubonbon. Ohne diese Umkehrung in der Fragestellung hätte der Schiedsrichter noch lange buchstäblich im Trüben fischen können.

Rico: Wenn wir diesem Gedanken Rechnung tragen, können wir unsere obige Aussage verändern. Denke nicht an ein rosa Einhorn, sondern denke an ein blaues Krokodil.

Sinnvoll wäre es, wenn es uns gelingen würde, vom Problem wälzen ins Zieldenken zu wechseln. Das Weg-von können wir nicht ganz aus dem Denken verbannen, jedoch können wir unsere Energie auf das Hin-zu lenken.

Zusammenfassung: Formuliere deine Aussagen positiv, wenn es um Zielerreichung geht

Im Alltag verwenden wir meist zu viel Energie im Problemmodus anstatt möglichst bald in die Zielarbeit zu wechseln. Stellen wir ein realistisch ausformuliertes Ziel über ein Problem, verwandelt sich dieses in eine Aufgabe.

29 Gedanken schaffen Realität

Monika: Wie wir schon beim Thema ‚die Land-karte ist nicht das Gebiet' erläutert haben, hat jeder von uns seine eigene individuelle Landkarte und somit seine eigene Wahrnehmung und Interpretation von Realität.

Diese wird maßgeblich von unseren Gedanken geschaffen.

Rico: Nicht nur der Inhalt meiner Gedanken, sondern auch die Art und Weise wie ich denke hat Einfluss auf meine Gefühle, meine Kommunikation (ob verbal oder nonverbal) und mein Tun. Das wiederum beeinflusst meine Umgebung und mein Umfeld und schafft somit meine Wirklichkeit.

Monika: Gedanken schaffen Realität, die von meiner Bewertung einer Situation oder eines Sachverhalts abhängt.

So ist z.B. das Wärmeempfinden individuell sehr unterschiedlich. Während der eine bei 20 Grad bereits über zu große Hitze klagt, empfindet ein anderer dies noch als eher kühl. Realität für beide sind die objektiv messbaren 20 Grad – die Bewertung der Realität ist für beide jedoch sehr unterschiedlich.

Rico: Diese Unterschiedlichkeit rührt aus der Wahrnehmung, die zu einer individuellen Bewertung führt. Das heißt, das Resultat für meine Bewertung hängt von verschiedenen Faktoren ab, wie z.B. aus meinen bisher gemachten Erfahrungen, Sozialisation, Umgebung, Konditionierung, Tagesform, körperlicher Verfassung, genetischer Disposition usw.

Die Realität an sich ist nicht erfassbar. Jedoch einigen wir uns auf Messbares und Beobachtbares, wie z.B. Zeit, Temperatur, Größen, Gewicht, Geschwindigkeit etc. Ebenfalls einigen wir uns auf reine Gedankenkonstrukte und Ideen, die nicht messbar sind, wie z.B. philosophische Grundannahmen, spirituelle Gedanken oder politische Ideologien.

Hierbei kann niemals eine für alle Menschen gleichermaßen gültige Aussage getroffen werden. Und genau dies ist oftmals die Ursache vieler Meinungsverschiedenheiten und Auseinandersetzungen.

Monika: Das ist eine Art Wechselwirkung: meine Umgebung und die Art wie mir Menschen begegnen beeinflusst meine Gedanken und auch meine Handlungen.

Es gibt da einen afrikanischen Spruch. Viele kleine Leute in vielen kleinen Orten, die viele kleine Dinge tun, können das Gesicht der Welt verändern.

Rico: Ja, wenn viele Menschen ähnliches oder gleiches denken, dann wirkt sich das auf die Sprache und das Handeln aus und kann Großes bewirken – im negativen und im positiven. Und auch das hängt wieder von der Perspektive ab.

Zusammenfassung: **Gedanken schaffen Realität**

Realität ist die Interpretation meiner Perspektive, meiner Gedanken und Gefühle, meiner bisher gemachten Erfahrungen, meiner Werte und Glaubensmuster, meiner Sozialisation und unzähliger weiterer Faktoren. Gemeinsame Realität ist die Schnittmenge dieser Aspekte.

Der Glaube, es gebe nur eine Wirklichkeit, ist die gefährlichste Selbsttäuschung.
Paul Watzlawick (*1921), amerik. Psychiater u. Schriftsteller.

Alles was wir sind, ist das Ergebnis dessen, was wir zuvor gedacht haben. Der Geist ist alles. Was wir denken, das werden wir sein.
Buddha

Wir sind, was wir denken. Alles, was wir sind, entsteht aus unseren Gedanken. Mit unseren Gedanken formen wir die Welt.
Buddha

30 Jeder Mensch ist einzigartig

Monika: Ich finde das ist eine wunderbare Aussage, denn damit bin ich nicht irgendwer in einer anonymen Menge. Ich bin einzigartig – du bist einzigartig. Es gibt kein Duplikat von uns.

Rico: Ja und auch in einer anderen Hinsicht ist diese Vorannahme sinnvoll: Gelingt es uns, unsere eigene Einzigartigkeit und die der anderen bewusst wahrzunehmen, dann fällt es uns leichter, uns und andere anzunehmen. Zudem gelingt es uns ein Stück weit mehr, das ständige Vergleichen abzulegen.

Monika: Genau, denn Vergleiche tun uns häufig nicht gut und sind nicht förderlich für unser Wohlbefinden in der Gegenwart und auch hinderlich bei unserer Weiterentwicklung.

Rico: Vergleiche gehen mit Bewertungen einher. So stellen wir etwa fest, der Nachbar hat noch volleres Haar, die Kollegin hat eine schlankere Figur, der Typ von der Castingshow kann besser singen .... usw.. Diese Art Vergleiche können etwas besonders gut – nämlich unglücklich machen.

Monika: Ja das stimmt. Es ist ein hohes Ziel, über all dem stehen zu wollen, glücklich und zufrieden zu sein mit dem was man ist oder nicht ist, mit vermeintlicher Unattraktivität, Einsamkeit, mit den vielen unerfüllten Wünschen und Hoffnungen und der Erkenntnis, vieles nicht erreicht bzw. nicht anders gemacht zu haben und, und und ... und dennoch bin ICH einzigartig und etwas Besonderes.

Ich bin ein Unikat, und deshalb wert-voll.

Rico: Ja. Viele der Vorannahmen ergänzen sich thematisch. So passt diese hier gut zu der, die davon ausgeht, dass der Wert eines Individuums immer konstant ist und bleibt.

Monika: Genau. Wenn die Einzigartigkeit mit dem Wert des Individuums in Verbindung steht, passt dazu auch der Begriff der Menschenwürde, die nach dem Grundgesetz und der Menschenrechtscharta unantastbar ist.

Rico: Ein guter abschließender Gedanke Monika. Und selbst wenn wir den Rahmen nicht so global ausdehnen, so können wir mit dem verinnerlichen dieser Grundannahme feststellen: vermeintliche Macken, Ecken und Kanten sind Ausdruck einer individuellen Persönlichkeit.

Monika: Und diese individuelle Persönlichkeit macht das Miteinander doch so lebenswert, spannend, schön, aber auch herausfordernd.

Durch die verschiedenen Persönlichkeitsmerkmale, die Macken, Ecken und Kanten können wir voneinander lernen und profitieren.

Zusammenfassung: Jeder Mensch ist einzigartig

Vielfalt kann als Bereicherung angenommen werden, Vergleiche fallen weg und das eigene Anders-Sein darf als individuelles Sein wahrgenommen werden. Urteilen und werten sind Aspekte einer Normierung, diese darf bei Hervorhebung der Individualität angezweifelt werden.

31 Je bewusster wir unsere Sinne einsetzen, desto höher wird die Qualität der Wahrnehmung

Monika: Das klingt für mich wie ein Plädoyer für die Langsamkeit, die Liebe zum Detail, ein bewusstes Innehalten, um mit allen Sinnen wahrzunehmen.

Rico: Wie kann ich die Qualität meiner Wahrnehmung erhöhen um eine intensivere, bewusstere Erfahrung zu machen?

Nehmen wir als Beispiel einen Urlaub am Meer. Wäre es nicht wunderbar, wenn dieser unvergesslich, schöner und ganzheitlicher wahrgenommen und erlebt werden könnte, damit dieser auch in der Erinnerung lebendig bleibt?

Monika: Den Strand und das Meer kann man mit allen Sinneskanälen bewusst wahrnehmen. Das Rauschen des Meeres hören, den Sand unter den Füßen spüren, den Wind und die Sonne auf der Haut fühlen, den Duft des Meeres erschnuppern und das salzige Meerwasser schmecken.

Rico: Wie wäre es, wenn wir diesen Urlaub in der Empfindungsqualität erhöhen und damit auch die Erinnerung plastischer abspeichern könnten?

Im Alltag nehmen wir die Gesamtheit aller Sinnesreize eher gleichförmig und weniger differenziert wahr. Ins Bewusstsein dringen zumeist stärkere Sinnesreize, die sich besonders abheben z.B. in Lautstärke, Schmerzempfindung, ebenso Triggerreize in jeglicher Form, z.B. Gerüche oder Tonalität.

Das führt dazu, dass Durchschnittseindrücke nicht vom Gehirn als etwas Besonderes wahrgenommen und abgespeichert werden.

Monika: Beim Strandurlaub kann man sich ganz gezielt auf einzelne Sinneswahrnehmungen fokussieren.

Um den Sand unter den Füßen noch intensiver zu spüren, kann man eine Weile die Augen schließen und versuchen, nur auf die Fußsohlen zu achten, zu fühlen und zu spüren. Welche Wärme hat der Sand, wie weich ist er, wie fein- oder grobkörnig?

Diese Feinabstufungen dringen meist nicht in unser bewusstes Wahrnehmen vor. Das kann nun mit allen Sinneskanälen (sehen, riechen, schmecken, hören, fühlen) praktiziert werden.

Rico: Dabei versuchen wir, mit unserem inneren Dialog in Einklang zu kommen. Im Idealfall gelingt es uns, Kongruenz herzustellen zwischen dem was ich im Äußeren erlebe und meiner inneren Gedanken- und Gefühlswelt.

Bezogen auf den Strand heißt das nicht nur den Sand spüren, sondern dies auch innerlich verbalisieren. Gedanken an die Arbeit oder Stressthemen werden beiseitegelegt. Ziel ist es, ganz im Hier und Jetzt zu sein.

Monika: Unter diesem Blickwinkel wird deutlich, wie viel in unserer schnelllebigen Zeit, in der Alltagshektik von diesen kleinen und wichtigen Details verlorengeht. 'Multitasking' und höher, schneller weiter .... Der Preis dafür ist eine oberflächliche, einseitige Wahrnehmung, ein Tunnelblick. Auch eine oftmals permanente Reizüberflutung lenkt die Sinne ab.

So ist es gerade im Großstadtlärm kaum noch möglich, das Zwitschern eines Vogels oder einfach nur Stille wahrzunehmen. Umso wichtiger ist es, sich Oasen der Ruhe zu schaffen bzw. aufzusuchen, um zwischendurch wieder ganz bewusst wahrzunehmen.

Rico: Die Werbung z.B. hat schon längst erkannt, wie wichtig für uns Menschen dieser innere Ausgleich nach Erleben und bewusstem wahrnehmen ist und suggeriert uns täglich, wir müssten Geld für den tollen Urlaub oder das neue Auto ausgeben, um zu diesem besonderen Erleben zu gelangen.

Monika: Beim Stichwort Werbung wird ersichtlich, dass man, wenn es nach Werbeslogans geht, nicht primär ein Produkt erwirbt, sondern die damit scheinbar verbundene Emotion, die dem potentiellen Käufer direkt aus der Seele spricht.

Bezogen etwa auf Autowerbung wird deutlich, dass z.B. in erster Linie Genuss am Auto fahren verkauft wird, technische Details werden, wenn überhaupt, nur beiläufig erwähnt. Man wird durch die Werbung häufig auf der emotionalen Ebene angesprochen. Das nimmt dem ganzen dann auch den Touch von Gier und Kommerz.

Werbung gelangt durch die Emotionalität zur Identitätsebene ‚Ich und meine Eissorte‘, ‚Hauptsache es macht Fun‘ oder die Zugehörigkeit zu einer bestimmten Ingroup.

Rico: Die Wirkung einer Information entscheidet darüber, wie ich diese erinnere. Was beeinflusst die Wirkung einer Information? Ein wichtiger Faktor ist welcher Teil meines Gehirns angesprochen wird. Daten und Fakten sprechen den präfrontalen Cortex, während Emotionen das limbische System ansprechen. In dem Fall gewinnt letzteres haushoch.

Zusammenfassung: Je bewusster wir unsere Sinne einsetzen, desto höher wird die Qualität der Wahrnehmung

Fokussierte Wahrnehmung mit unterschiedlichen Sinneskanälen im Hier und Jetzt fördert ein bewusstes Erleben, ebenso eine lebendige Erinnerung. Entscheidend ist die Emotionalität, die an die Wahrnehmung gekoppelt ist.

32 Bekämpfe nicht deine Emotionen, Gefühle und Empfindungen, sondern versuche sie als einen (momentanen) Teil von dir anzuerkennen

Monika: Wie soll ich das verstehen, wenn ich mich z.B. morgens durch die Musik der Fahrgäste im Bus ziemlich gestört fühle – wie soll ich das als Teil von mir anerkennen können?

Rico: In dem Fall könnte ich z.B. ein Gefühl von Ärger in mir wahrnehmen. Wenn ich dieses anerkenne habe ich die Möglichkeit, das dahinter liegende Bedürfnis wahrzunehmen.

Hier etwa könnte es der nahe liegende Wunsch nach Ruhe sein.

Monika: Ich empfehle meinen Klienten in Konfliktsituationen - nach dem Wahrnehmen der Emotion - Vorwürfe in Wünsche zu transformieren.

In diesem Beispiel: Ich würde mir wünschen, dass der jeweilige Fahrgast seinen mp3 Player leiser stellt, damit ich mich auf mein Buch konzentrieren kann.

Rico: Genau, ich habe die Wahl mich entweder innerlich zu ärgern und es für mich zu behalten, oder zu handeln und den Fahrgast freundlich darauf anzusprechen, um beim obigen Beispiel zu bleiben.

Schwieriger wird es jedoch bei stärkeren Emotionen, als dem bloßen Ärger über das Verhalten eines anderen. In vielen Fällen ist es Teil unserer Bewältigungsstrategie, Emotionen auszublenden oder ggf. auch zu leugnen oder zu bekämpfen.

Monika: Das Anerkennen und Annehmen von Emotionen wäre besonders hierbei zielführender.

Bei der Bekämpfung, dem Leugnen oder Ausblenden kommt man keinen Schritt weiter in der Bewältigung und Bearbeitung der Konfliktsituation. Ganz im Gegenteil, dies kostet sehr viel Energie und diese könnte effizienter eingesetzt werden.

Rico: Was meinst du mit effizienter eingesetzt werden? Wenn z.B. ein Freund oder Bekannter stirbt und ich meine Trauer ausblende?

Monika: Trauerarbeit kann erst dann erfolgen, wenn das Gefühl der Trauer da sein darf, wenn man bereit ist, dieser Emotion Raum zu geben. Diese erfolgt in mehreren Phasen, wobei die letzte das anerkennen und annehmen der eigenen Emotionen ist.

Rico: Es ist stets eine Art zurückgeworfen-sein auf sich selbst wie auch gleichzeitig ein Prozess des Lernens und des Wachsens.

In dem Fall könnte ich den Tod als Teil des Lebens erfahren und begreifen. Vielleicht ist der Tod nicht das Gegenteil vom Leben, sondern dessen Ergänzung, also nicht konträr sondern komplementär zum Leben.

Monika: Das Resultat könnte dann eine größere Wertschätzung des Lebens sein.

Zusammenfassung: Bekämpfe nicht deine Emotionen, Gefühle und Empfindungen, sondern versuche, sie als einen momentanen Teil von dir anzuerkennen

Es macht Sinn davon auszugehen, dass auch negative Gefühle eine positive Absicht enthalten. Das könnte dann dazu führen, dass wir unsere Energie zielführender in den Wachstums- oder Lösungsprozess einfließen lassen können.

Wie vieles andere, ist auch dieses ein Übungsgebiet, welches immer neue Lektionen für uns bereit hält und in dem wir niemals eine endgültige Meisterschaft erlangen können.

33 Eine Veränderung ist umso schwieriger, je mehr sie dem Wertesystem widerspricht

Rico: Ein Wert ist eine Nominalisierung und eines der größten Konfliktpotentiale der Menschen.

Monika: Werte sind wichtige Maßstäbe im Leben, die von Mensch zu Mensch unterschiedlich sind. Werte sind z.B. Freiheit, Sicherheit, Gesundheit, Unabhängigkeit, Ehrlichkeit ....

Rico: Unabhängig davon, ob Werte ganz, teilweise oder gar nicht gelebt werden steckt für mich in dem Wert als solches auch immer ein unerreichbarer Wunsch nach Perfektion und Vervollkommnung des jeweiligen Wertes.

Am liebsten würden wir diesen Wert nehmen und auf andere Menschen und Menschengruppen übertragen, denen wir wohlgesonnen gegenüber stehen. Gruppen oder Individuen die wir ablehnen oder als konkurrierend betrachten, sprechen wir hingegen unsere Werte tendenziell eher ab.

Monika: Übertragen möchten wir dann das für uns relevante Wesen des Wertes bzw. die Gestaltung und unsere Interpretation davon, das was wir dem Wert als Wichtigkeit beimessen.

Nehmen wir den Wert Freiheit. Für mich ist das z.B. ein Dach über dem Kopf, eine finanzielle Grundsicherung, stabile Gesundheit. Ein anderer mag sich erst dann frei fühlen, wenn ein größeres Vermögen vorhanden ist und dreimal jährlich eine Kreuzfahrt gebucht wird.

Rico: Viele Wertekonflikte im kleinen wie im großen rühren daher, dass Menschen diese unterschiedliche Interpretation vornehmen.

Der Wert Freiheit wird in unserer westlichen Welt anders gestaltet als anderswo auf der Erde und dies ist nur ein Wert von vielen, die jeweils in ihrer Erscheinung eng mit anderen Werten in Beziehung stehen und komplexe sich gegenseitig beeinflussende Strukturen bilden.

Monika: Meine Interpretation eines Wertes hängt auch von meinen übergeordneten Werten ab. Hinter vielen Problemen unserer Klienten stehen nicht gelebte Werte und viele Konflikte sind im Grunde Wertekonflikte.

Auch Veränderungen sind umso schwieriger zu bewerkstelligen, je höhere Werte dabei tangiert werden.

Eine überfällige notwendige Trennung von einem Partner wird dadurch sabotiert, dass der Wert der Treue in der Wertehierarchie möglicherweise sehr hoch angesiedelt ist.

Zusammenfassung: Eine Veränderung ist umso schwieriger, je mehr sie dem Wertesystem widerspricht

Werte machen einen erheblichen Teil unserer Identität aus. Wird eine Veränderung im Leben nötig, so bedeutet das in der Konsequenz, dass wir selbst uns zu einem großen Teil auch mit verändern. Dabei ist die Schwierigkeit umso größer, je mehr und höher angesiedelte Werte von dieser Veränderung betroffen sind.

34 Wahrnehmen und bewerten ist immer Bestandteil des alltäglichen Lebens

Rico: Wir werden häufig mit der Aufforderung konfrontiert, nicht vorschnell zu werten oder zu urteilen.

Monika: Die meisten Bewertungen laufen ganz automatisch und unbewusst ab. Dies erfolgt bei allen Sinnesreizen als Teil des Verarbeitungsprozesses.

Stellen wir uns vor, wir sind beim Einkaufen und teilweise ohne uns bewusst zu sein, bewerten wir die dort angebotenen Artikel. Je nach Art dieser Artikel greifen unterschiedliche Bewertungskategorien wie z.B. bei Lebensmitteln Aussehen, Duft, Geschmack (falls die Möglichkeit des Probierens besteht).

Hingegen bei Werkzeugen wären Kategorien wie Nützlichkeit, Funktionalität, vielleicht auch Preis-Leistungsverhältnis im Vordergrund.

Dabei werden Impulskäufe, Frustkäufe, Trost-
käufe tendenziell eher nach unbewussten Kriterien getätigt. Nicht zu vergessen ist auch der unbewusste Einfluss der Werbung auf die Produkt-
und Markenwahl.

Rico: Aber nicht nur bei Aspekten wie einkaufen
nehmen wir wahr und bewerten, sondern man
könnte dies als fast durchgängigen Prozess betrachten, der wiederum in unzählige kleine Prozesse geteilt ist. Dabei stehen Bewertung und
Wahrnehmung in enger Wechselwirkung zuei-
nander.

Als Beispiel bewerten wir sämtliche wahrgenommen Sinnesreize wie Temperatur, Lichtver-
hältnisse, Düfte, Hintergrundmusik, die eigene
Tagesform, die Menschen (wie sie aussehen, Ge-
schlecht, wie sie sich verhalten, wie sie sprechen
usw.).

Sowohl Wahrnehmung als auch Bewertung laufen bewusst und/oder unbewusst ab. Unzählige
Parameter werden ständig abgeglichen.

Sollte einer dieser Parameter signifikant von unserer inneren „Landkarte" abweichen, dann ist
die Wahrscheinlichkeit umso höher, dass das
wahrgenommene in unser Bewusstsein dringt.

Ausnahme hierbei ist der besondere Zustand der Fokuskonzentration.

Monika: Je größer die Fokuskonzentration ist, auch bekannt als Unaufmerksamkeitsblindheit, umso wahrscheinlicher entgehen sogar offensichtliche Abweichungen unserer inneren Landkarte, selbst wenn diese sehr extrem sind.

Mit Fokuskonzentration meine ich einen Vorgang, bei dem ich meine Aufmerksamkeit auf ein Geschehen bündle. Ich denke da an die Gorilla Studie der Psychologen Christopher Chabris und Daniel Simons.

Die Teilnehmer sollten dabei in einem Kurzfilm Basketballspieler beobachten, von denen drei weiße und drei schwarze Trikots trugen. Aufgabe der Probanden war es, die Pässe der weißgekleideten Spieler zu zählen. Interessant dabei war im Zuge dieses Experimentes, dass zwischendurch ein Mensch mit Gorillakostüm die Szene passierte und von den Probanden völlig übersehen wurde (selektive Wahrnehmung).

Rico: Sinnvoll zu erwähnen ist natürlich noch, dass es gewisse Störprozesse für Wahrnehmung und Bewertung gibt, auf die wir an anderer Stelle eingegangen sind.

Zusammenfassung: Wahrnehmen und bewerten ist immer Bestandteil des alltäglichen Lebens

Die o.g. nicht zu vorschnelle Bewertung meint tendenziell eine moralische Verurteilung von etwas oder jemanden. Sind die Überlebensvoraussetzungen erst einmal gesichert, entsteht Raum für ethisch-moralische Bewertungen.

Menschen und Lebewesen allgemein haben nicht zuletzt ihr Überleben jenen Prozessen zu verdanken, die auf unbewusster Ebene unzählige Faktoren abgleichen und bewerten. Dies dient in erster Linie dazu, mit adäquatem Verhalten auf entsprechende Umweltbedingungen zu reagieren.

Schlusswort

Rico: Uff .... Ich glaube, jetzt haben wir es?

Monika: Ja, wenn man bedenkt, dass wir jetzt im Grunde gar nicht so viel Seiten gefüllt haben, so hatten wir doch so manch hitzige und langwierige Diskussionen zu einzelnen Themen.

Rico: Ich denke, das Endergebnis kann sich durchaus sehen lassen. Ich glaube es ist überflüssig zu sagen, dass alle Grundannahmen und Gedanken dazu lediglich zum Nachdenken anregen sollen und keinesfalls in Stein gemeißelt sind.

Monika: Letztendlich handelt es sich bei diesem Buch auch nur um eine Landkarte, die gemeinsam gezeichnet wurde mit der Absicht, zu reflektieren und den eigenen Standort ein Stück weit hinterfragen zu können.

Rico: Ich hätte da vielleicht noch eine Idee für ein weiteres Thema. Meinst du, wir sollten noch ein bis zwei Jahre für ein Folgebuch investieren? Im Grunde hat uns das schreiben auch persönlich sehr zum Nachdenken und erneutem überdenken von Ideen bewegt.

Monika: Das stimmt. Wenn ich bedenke, wie lange wir entworfen, geschrieben, verworfen, neu entworfen haben und in wie vielen Schleifen sich das ganze wiederholt hat bin ich immer noch erstaunt, wie wir aus scheinbar konträren Meinungen auf einen gemeinsamen Nenner gekommen sind.

Rico: Du sagtest neulich, dass du es toll fandest, wie sich am Ende alles aufgelöst hat und der eine die Gedanken des anderen vervollständigen konnte. Ich denke, das ist auch ein Resultat unserer Disputation.

Vielleicht könnte man dies als abschließenden Gedanken noch mit aufnehmen, dass ehrliche und mit dem Herzen geführte Diskussionen die Menschen nicht auseinanderbringen, sondern weiter. Und in diesem Sinne wünschen wir den Lesern eine schöne Zeit und viel Freude beim Umsetzen des einen oder anderen Gedankens.

Glossar

Abwehrmechanismen sind größtenteils unbewusste Muster, um mit unangenehmen Gefühlen umzugehen. Konflikte werden hierbei nicht bearbeitet, sondern abgewehrt.

Disney-Modell beschreibt ein Verfahren, welches dem Zwecke der Zielfindung und Zielprüfung dient. Dieses geht auf Walt Disney zurück.

NLP Neurolinguistisches Programmieren ist eine Sammlung von Kommunikationstechniken und Methoden zur Veränderung psychischer Abläufe im Menschen, die unter anderem Konzepte aus der Klientenzentrierten Therapie, der Gestalttherapie, der Hypnotherapie und den Kognitionswissenschaften sowie des Konstruktivismus aufgreift (Wikipedia)

Projektion ist die Zuschreibung eigener abgewehrter, negativer Eigenschaften auf andere Personen

Öko-Check meint das mentale Überprüfen von angestrebten Veränderungen hinsichtlich der Verträglichkeit und Umsetzbarkeit im Alltag.

Submodalität bedeutet im Neuro-Linguistischen Programmieren eine qualitative Untergliederung der fünf Sinnessysteme (der sogenannten Sinnesmodalitäten). Es handelt sich um Feinabstimmungen eingehender auf die jeweiligen Sinneskanäle (Wikipedia)

Monika Ommerle, geboren 1961 in München. Studium der Sozialpädagogik, langjährige Tätigkeit in der Suchtarbeit, Ausbildung Psychologischer Berater, NLP Practitioner, NLP-Master, EMDR

Rico Weinert, geboren 1978 in Riesa a.d. Elbe, Ausbildung zum Werbetechniker, Ausbildung Psychologischer Berater, WingWave®-Coach, NLP Practitioner, NLP-Master